AF130390

Béla Estván

Kriegsbilder aus Amerika

Béla Est(án

Kriegsbilder aus Amerika

ISBN/EAN: 9783743302754

Hergestellt in Europa, USA, Kanada, Australien, Japan

Cover: Foto ©ninafisch / pixelio.de

Manufactured and distributed by brebook publishing software
(www.brebook.com)

Béla Estván

Kriegsbilder aus Amerika

Kriegsbilder aus Amerika.

Von

B. Estván,

Oberst der Cavalerie der conföderirten Armee.

Zweiter Theil.

Leipzig:

F. A. Brockhaus.

1864.

Inhalt.

12.
Monitor und Merrimac.

13.
Zerstörung des Merrimac.

14.
Die Schlacht von Fair-Oaks.

1.

Schlacht bei Belmont.

Kentucky bleibt neutral. Bemühungen der Conföderation und der Union. Verletzung der Neutralität durch die Conföderation. General Polk besetzt Columbus. Aufforderung des Gouverneurs Magoffin. Die Unionstruppen rücken in Kentucky ein. Oberst Tappon. General Grant beginnt den Kampf. Die Division Pillow eilt zu Hülfe. Die Conföderirten werden zurückgeworfen. Die Batterie Bethooven. Mangel an Munition. Obergeneral Polk bleibt unthätig. Bedrängte Lage der Conföderirten. Einige Regimenter eilen zur Unterstützung herbei. Wüthender Angriff. General Cheatham wird geschlagen. 300 Gefangene. Pillow's Muth und Unerschrockenheit. Ein Kanonenduell. Neue Verstärkung. Die Unionstruppen müssen weichen. Einschiffung der Truppen. Umsicht des Generals Grant. Endlich kommt Polk. Sieg der Conföderirten. Wer ist der Sieger von Belmont?

Zum größten Verdruß des Südens blieb der Staat Kentucky, den man immer für den treuesten und zuverlässigsten Bundesgenossen betrachtet hatte, in den sich immermehr verfinsternden politischen Zuständen der alten Regierung treu. Alle Anstrengungen, alle politischen Kunstgriffe, welche das Cabinet der Conföderation anwendete, um darzuthun, daß Kentucky, durch und durch ein Sklavenstaat, das größte Interesse habe, sich mit den bereits ausgetretenen Staaten zu verbinden, scheiterten an dem geraden, biedern Sinn der Bürger Kentuckys. Nach der Wahl des Präsidenten Lincoln beschloß die Legislatur von Kentucky mit großer Majorität, nicht aus der Union zu treten, sondern im Gegentheil allen

Einfluß aufzubieten, um das zerriſſene Band zwiſchen der alten
Regierung und den in Rebellion ſich befindenden Staaten
neu zu knüpfen. Sollte jedoch in dem ſchwierigen Geſchäft
der Staat nicht reuſſiren, ſo wollte man den Bürgern eine
ſtrenge bewaffnete Neutralität vorſchlagen. Als das Gouverne=
ment in Waſhington nun ſpäter an den Gouverneur von
Kentucky Mageffin das Geſuch richtete, ſein Truppencon=
tingent an die Union zu ſtellen, wies dieſer die Forderung
zurück, und ſchon jubelten die ſüdlichen Staaten, indem ſie
glaubten, daß dies mit dem Willen des Volkes geſchehen ſei;
die weitern Ereigniſſe zeigten jedoch bald, daß ſie ſich in ihren
Vermuthungen bitter getäuſcht hatten. Bald nachher nämlich
berief Lincoln eine ſpecielle Commiſſion nach Waſhington, um
ihre Beſchlüſſe über das Verhalten des Staates Kentucky vor=
zulegen, und alle Diſtricte von Kentucky wählten hierzu ſolche
Männer, von denen man wußte, daß ſie gegen einen Austritt
aus der Union ſtimmen würden. Ebenſo fielen die Wahlen
für die Legislatur blos auf ſolche Bürger, die als loyale Un=
terthanen der Union bekannt waren.

Die Neutralität Kentuckys wurde zuerſt durch die Con=
föderirten verletzt, indem ein Armeecorps derſelben Befehl zur
Beſetzung von Columbus erhielt. General Polk erklärte zwar
in einer an die Bürger erlaſſenen Proclamation, daß die
conföderirte Regierung zu dieſem Schritte gezwungen worden
ſei, weil die Union zuerſt die Neutralität verletzt habe, da
ſie auf neutralem Boden die Organiſation einer Militärcom=
pagnie begonnen habe; ferner hieß es, daß an dem Miſſiſſippi
Fortificationen zum Schutze der Truppen errichtet worden ſeien,
die das Gouvernement von Waſhington ſenden wolle, um
Columbus zu beſetzen. Man ſieht, die Conföderation wollte
Kentucky mit Gewalt von einer für ſie gefährlichen Allianz
mit der Union zurückhalten; doch ſcheiterten alle ihre Manöver.
Die Union hatte den General Rouſſeau beordert, eine Brigade

in Kentucky zu organisiren und sein Hauptquartier in Louis-
ville aufzuschlagen, was diesem so ausnehmend gelang, daß
er binnen kurzem 10000 Mann unter den Waffen hatte.
Eines Tages gewahrte General Polk, der Columbus eine kurze
Zeit besetzt hielt, mit Schrecken, daß das jenseitige Ufer von
Unionstruppen besetzt sei, welche auch sofort bei seinem Erscheinen ihre Geschütze auf Columbus richteten. Sämmtliche
Bürger Kentuckys richteten hierauf durch ihre Delegirten die
energische Aufforderung an den Gouverneur Magoffin, dem
General Polk sofort zu befehlen, den Staat von seinen Truppen
zu säubern, was dieser, wenn auch mit Widerstreben, that.
Er versprach nämlich anfangs, dieser Forderung nachzukom-
men, wenn die Unionstruppen mit ihm zugleich das jenseitige
Ufer verließen, und wenn man seiner Regierung garantire,
daß den Truppen der Union der Eintritt in den Staat oder
die Occupirung irgendeines Theiles desselben verweigert würde.
Natürlich wurde dieses Eingreifen in die Rechte eines Staates
mit Entrüstung zurückgewiesen.

Als die Regierung zu Washington die von den feindlichen Truppen begangene Verletzung des neutralen Staates
in Erfahrung brachte, ließ sie sofort die Paducah an der
Mündung des Tennessee und Cairo an der Mündung
des Ohio besetzen. Sobald die Regierung dann ferner
gewiß war, daß die Conföderation alles aufbieten würde, um
den Staat Kentuck in seine revolutionären Umtriebe mit
hineinzuziehen, concentrirte sie große Truppenmassen am Ohio,
um nöthigenfalls nicht ohne Kampf diesen reichen Staat als
Beute den Conföderirten zu überlassen. Zu diesem Zwecke
wurden die umfassendsten Maßregeln getroffen, um den An-
häufungen feindlicher Truppen den Ernst und die Entschiedenheit der Union zu zeigen.

Unterdessen zog Polk die Truppen der Generale Pillow und
Wright herbei, um den Feinden im Nothfalle eine Schlacht

anbieten zu können; auch leitete der Oberbefehlshaber sämmt=
licher Truppen der Conföderirten, Sidney Johnstone, seine Be=
wegungen so, daß er mit General Polk operiren könne; beide
feindliche Armeen zogen jetzt an den Mississippi, um an dessen
Ufern ihre Regierung mit den Waffen zu vertreten.

Vor Tagesanbruch den 1. Nov. wurde Polk benachrichtigt,
daß feindliche Truppen unter dem Obergeneral Grant sich
gegen das Dörfchen Belmont bewegten, um jedenfalls der
conföderirten Armee eine Schlacht anzubieten; wir hatten auf
dem jenseitigen Ufer nur ein Regiment unter Oberst Tappon
zur Beobachtung stehen; Polk hatte keine Ahnung davon,
daß der Feind wol mit der Absicht umgehen könne, jenes
Regiment anzugreifen, ehe wir dasselbe unterstützen konnten.
Von der Wichtigkeit dieses Postens war er jedoch überzeugt, und
schickte deshalb sofort Pillow, dessen Division dem Oberst Tappon
am nächsten stand, um diesen in Schutz zu nehmen. General
Pillow begann sofort seine Truppen ans jenseitige Ufer zu
setzen, und nachdem er die Ueberschiffung persönlich überwacht,
begab er sich sammt seinem Stabe selbst auf das jenseitige
Ufer, um das Commando zu übernehmen. Unterdessen begannen
die Feinde bereits Tappon's Regiment anzugreifen. Die aus=
gestellten Vorposten und Feldwachen wurden auf ihr Regiment
zurückgeworfen, sodaß Tappon bereits in gefährlicher Lage war,
als Pillow eintraf. Sofort wurde dem in großen Schwär=
men vordringenden Feinde Halt geboten, die Batterien sausten
nach den angewiesenen Auffahrungspunkten, und brachten dem
General Grant die Ueberzeugung bei, daß Polk entschlossen sei,
seine Stellung zu behaupten. Statt sich nun sogleich auf die
Feinde zu werfen und sie ins Wasser zurückzudrängen, ver=
schwendete Grant die Zeit mit Vorpostengefechten, wobei er
die Stellung und Stärke unserer Truppen zu erkunden hoffte;
unterdessen hatte Pillow Zeit, den General Polk über seine
Lage zu unterrichten.

Inzwischen begannen die aufgefahrenen Batterien ihr Feuer, und endlich gewahrten denn die Unionstruppen unsere geringe Anzahl und griffen uns deshalb sehr lebhaft an. Sie versuchten, unsern rechten Flügel zu umgehen und uns auf unser Centrum zurückzuwerfen, welches Vorhaben jedoch durch die Batterie des Oberst Betzhooven verhindert wurde. Dieser leitete persönlich das Feuer seiner Batterie und dirigirte dasselbe so ausgezeichnet, daß der Feind von seinem Versuche auf unsern rechten Flügel abließ und sich auf sein Centrum zurückzog. Dann warf er sich mit großem Ungestüm auf unser Centrum, durchbrach es und richtete unter unsern Truppen, die in Unordnung gerathen waren, große Verwirrung an. Unsere aufgelösten Truppen mußten sich in Massen formiren, so gut es anging, um der andrängenden Cavalerie nur einigermaßen widerstehen zu können. Da nahm General Pillow die aus zwei Bataillonen bestehende Reserve sowie eine halbe Batterie, hielt den vordringenden Feind auf und stellte die Verbindung seiner Flügel wieder her; ferner ließ er die Batterie Lindsay eine solche Stellung einnehmen, daß sie mit ihrem Feuer die feindlichen Truppen in schräger Richtung bestreichen konnte. Alles nahm jetzt wieder eine geordnete Stellung ein, als plötzlich von den Regimentern Bell, Wright und Russel die Meldung einlief, daß sie sich verschossen hätten und ohne alle Munition wären; kaum war diese Hiobspost eingelaufen, als auch Oberst Betzhooven die Nachricht schickte, er müsse sich aus dem Feuer zurückziehen, da seine Munition ausgegangen sei. Das waren Nachrichten, welche auch den Kaltblütigsten hätten außer Fassung bringen müssen. Pillow begriff seine Lage sehr wohl, befahl deshalb dem Oberst Betzhooven, seine Position zu behaupten, und führte rasch mit den Regimentern, deren Meldungen soeben eingelaufen waren, einen Bajonnetangriff aus. Die feindlichen Truppen wurden geworfen und deckten sich durch den Saum

eines Walbes, von wo aus sie ein heftiges Feuer auf unsere
Truppen unterhielten, dem wir natürlich nichts entgegensetzen
konnten. General Pillow sandte unterdessen seinen Adjutanten,
Kapitän Anderson, an Polk, ihm seine Verlegenheit zu melden;
allein dieser, auf sein eigenes Wohl bedacht, zögerte ihm Hülfe
zu senden. General Polk hatte sich nämlich in den Kopf gesetzt,
daß der Feind noch heute Columbus angreifen werde, obgleich
sämmtliche auf Kundschaft ausgeschickte Detachements mit
der Nachricht zurückkamen, es sei nicht wahrscheinlich, daß
der Feind ein solches Unternehmen im Sinne habe, da hierzu
gar keine Vorbereitungen getroffen seien. General Polk war
trotz alledem vom Gegentheil überzeugt, traf seine militärischen
Maßregeln danach, um seiner Regierung zu zeigen, daß er
ein ebenso tüchtiger General als guter Pfaffe sei; infolge
dessen mußte Pillow seine Truppen am jenseitigen Ufer ab-
schlachten lassen, ohne nur das Geringste unternehmen zu
können, was seine Lage, die von Minute zu Minute schlechter
wurde, zu verbessern im Stande gewesen wäre. Als endlich
Pillow's Aufforderungen bringender wurden, als die Batterien
sowie einzelne Abtheilungen unserer Infanterie ihr Feuer ganz
einstellten, da mochte der frühere Pfaffe Gewissensbisse haben
und gab Befehl zum Hinüberschaffen eines Theiles seines Corps.
Unterdessen mußte der arme Pillow gewaltige Stöße aushalten; vergebens machte er verzweifelte Anstrengungen, sich zu
halten und seinen Leuten Muth einzuflößen. Grant kannte
seinen Vortheil und stürzte sich jedesmal, wenn Pillow Anstrengungen machte, sich zu erholen, von neuem über ihn her
und schmetterte ihn zu Boden. Trostlos war seine Lage; aller
Stellungen beraubt, durch das feindliche Feuer fast zur Verzweiflung gebracht, da er es nicht erwidern konnte, vermochte
er sich nur mit dem Bajonnet zu wehren und mußte eine
große Anzahl Verwundete dem Feinde überlassen. General
Grant hatte bald die Schwäche des Gegners gemerkt, nahm seine

besten Truppen, stürzte sich auf Pillow's zersplitterte Mannschaft und trieb sie in größter Unordnung an den Rand des
Flusses zurück; die ganze Division war aufgelöst, keine einzige
Compagnie complet, alles ein wüstes, schreckliches Durcheinander.
Obgleich die Conföderirten etwas durch einen kleinen Hügel
gedeckt waren, so blieb der Mannschaft doch nichts übrig, als
sich zu ergeben, oder sich bis auf den letzten Mann niederhauen
zu lassen. Da eben langt das erste Tennessee=Regiment zur
Unterstützung an. Die aufgelösten Colonnen winken ihnen jubelnd zu, die Hülfe und Rettung in der äußersten Noth bringen.
Die ankommenden Truppen heulen vor Wuth und Schmerz
bei dem Anblick dieser einst so stattlichen Division Pillow, die
Vorbersten springen von der Brüstung des Schiffes, um besto
eher helfen zu können. Ohne Ordnung, ohne Commando stürzt
sich das in eine Heerde Tiger verwandelte Regiment auf die
Feinde. Mitleid, Gnade, Erbarmen sind Worte, die diese zur
Raserei angefachte Mannschaft nicht mehr kennt, jedes Commando ist verloren; man schießt, sticht und wüthet untereinander,
als seien alle Bande der Menschheit aufgelöst. Da kommen
frische Truppen von Louisiana und Texas an, und jetzt erst
beginnt die Schlacht sich in ihrer ganzen Größe zu entwickeln. General Grant kann sich kaum bei den wiederholten
Angriffen halten, überall wird er gepackt, von vorn, in den
Flanken, sogar im Rücken. Vergebens ist seine Ruhe, vergebens die Entfaltung aller Geschicklichkeit des talentvollen
Feldherrn, die Gegner sind zu entschlossen und unbändig.
Seine Truppen sind durch die mörderischen Angriffe unserer
Leute verblüfft und kommen aus der Fassung. General Grant
sucht den weichenden Colonnen wieder Muth, Hoffnung und
Festigkeit einzuflößen. Er zieht sich von einer Stellung nach
der andern, bis er in die Nähe seiner Reserven kommt. Von
neuem macht er jetzt Halt, sammelt seine gesprengten Truppen,
verstärkt sie durch neue Regimenter, zieht seine Reserve-

artillerie ins Feuer und beginnt von neuem seine Anstrengungen. Eben sieht er, daß Cheatham den Fluß überschritten hat und etwas leichtsinnig vorbringt, sofort stürzt er sich auf denselben, vernichtet ihn total, nimmt 300 seiner Truppen gefangen und erbeutet zwei Kanonen, worauf er mit einer Erbitterung son= dergleichen auf unser Centrum einbringt. Unsere vorbrechenden Truppen bringt er zum Stehen, ja zum Weichen; jetzt fliegt wie ein Pfeil General Pillow die Reihen seiner Leute entlang, sie zur Ausdauer ermunternd. Die Kugeln durchlöchern seinen Rock, ein Theil seiner Begleitung ist getödtet, der alte General scheint heute vom Feuer verschont zu werden. Die Feinde jedoch bringen langsam und sicher vorwärts und werfen die Conföderirten zurück. Jetzt läßt Grant seine Batterien etwas näher an das Flußufer rücken und beginnt ein schreckliches Feuer auf unsere Flanke und auf die Unterstützung bringenden Dampfschiffe. Da befahl Polk dem Kapitän Smith seine gezogene Zwölfpfünder=Batterie auf dem jenseitigen Ufer aufzufahren. Kapitän Smith vollführte seine Aufgabe ausge= zeichnet und in kurzem pfiffen seine Kugeln über die Breite des Mississippi und brachten schreckliche Verheerungen unter den Unionstruppen hervor. Grant hatte kaum gemerkt, wie verderblich ihm dieses Feuer werden könnte, als er eine Batterie von gleicher Stärke beorderte, und alsbald begann ein in= teressantes Kanonenduell. Es wurde dabei auf beiden Seiten mit solcher Sicherheit und Präcision geschossen, daß man hätte glauben können, die feindlichen Batterien befänden sich auf dem Exercirplatz, jeder Schuß ein Treffer, daß die Fetzen und Splitter in die Runde sprangen und eine entsetzliche Ver= heerung anrichteten. Bei den Conföderirten trafen jedoch immer neue Verstärkungen ein, welche den ermüdeten Truppen erlaubten, sich aus der Reihe der Kämpfenden zurückzuziehen und die Gegner in fortdauernder Anstrengung zu erhalten. Als General Polk endlich von unsern Erfolgen überzeugt war, gewann er es über sich, sich auf das andere Ufer zu begeben, um wenigstens noch zum Schlusse den Oberbefehl zu über= nehmen, damit der Siegesbericht in seinem Namen in die Welt gesandt werden könnte. Ein Beispiel, wie unsere Ober= befehlshaber es manchmal verstanden, die Zeit in Sicher= heit hinzubringen und sich dann am Schlusse des Tages vor Sonnenuntergang den Truppen in ihrem Glanze zu zeigen; wenigstens war Polk von diesem Genre.*) Als die Gefahr vorüber und Pillow die Hoffnung hatte, als Sieger dazu= stehen, erschien Polk und übernahm persönlich das Obercom= mando; wäre er geschlagen oder gefangen genommen worden, dann hätte ich Polk sehen mögen, wie er alle Sünden Pillow's erzählt und sein Unglück und seinen Untergang ganz gewiß seiner Unerfahrenheit zugeschrieben hätte. Sobald Grant merkte, daß die feindlichen Truppen sich stündlich vermehrten, mußte er trotz aller Tapferkeit an den Rückzug denken, denn da seit länger als sieben Stunden seine Truppen in heißer Arbeit begriffen waren, so war gewiß, daß sie unsern An= griffen auf die Dauer nicht Stand halten konnten. Ein ver= abredetes Manöver der Unionstruppen, die gegen Columbus demonstriren sollten, unterblieb, und er hatte somit die sämmt= lichen Streitkräfte Polk's gegen sich. Seine Absicht ging jetzt dahin, sich durch schöne Manöver mit der Flotte zu verbinden; er begann daher seinen Rückzug gegen die Schiffe hin, was für unsere Truppen das Signal des gewissen Sie= ges war.

Mit Hurrah warfen sie sich auf die weichenden Colonnen; doch General Grant, der im Laufe des Tages manche Beweise seiner umsichtigen Kriegführung gegeben hatte, wies auch die= sen Angriff noch glücklich ab. Mit einem wilden Geschrei

---

*) Polk war früher Bischof von Neuorleans.

drängten jedoch unsere Truppen vorwärts, bald hatten sie Grant's ganze Linie überschritten und waren im Besitze seiner geringen Munitions= und anderer Vorräthe. Außer einigen Geräthschaften und etwas Proviant fanden sie nichts als eine große Menge Schwerverwundeter, denen die zurückgelassenen Aerzte eine sorgsame Pflege angedeihen ließen. Diese bewiesen eine außerordentliche Aufopferung, die verdient, der Nachwelt überliefert zu werden. Als unsere Leute in das frühere Lager der Feinde einbrangen, ging ihre Erbitterung so weit, daß sie über die ihren mühsamen Beruf ausübenden Aerzte herfielen und sie mit Bajonnetstichen und Kolbenstößen niederstreckten. Erst als Pillow ankam, wurde etwas Ruhe und Ordnung unter diese Unmenschen gebracht. Grant hatte unterdessen mit großer Umsicht seinen Rückzug nach den Schiffen ausgeführt und seine Truppen einzuschiffen begonnen, während unsere Truppen vorwärts rückten und ein verderbliches Feuer auf den Feind unterhielten, welches noch bedeutend verstärkt wurde, als die feindlichen Schiffe sich in Bewegung setzten. Trotz dieser Bedrängnisse herrschte keine Unordnung auf den Decks, die Schiffe waren noch eine Meile weit unserm Feuer ausgesetzt.

Die Schlacht von Belmont wurde durch die Unerschrockenheit und Tapferkeit des Generals Pillow gewonnen. Grant verlor sie durch das Benehmen des Vereinigten-Staaten-Generals zu Paducah, welcher gemäß Uebereinkommen mit Grant Columbus und Polk angreifen, während Grant selbst das jenseitige Ufer einnehmen sollte. Aus welcher Ursache der commandirende General zu Paducah den besprochenen Plan nicht ausführte, war nicht zu erfahren; doch hatte es zur Folge, daß der zaudernde General Polk endlich nicht länger zögerte, sämmtliche Streitkräfte sowie zuletzt seine Person ans andere Ufer zu bringen. Während seine Truppen den Andrang des Feindes auszuhalten genöthigt waren, suchte er für sich ein sicheres Plätzchen, um später den Sieg recht ungestört zu genießen. Als Pillow durch seine Umsicht und Energie die Schlacht schon so gut wie entschieden hatte, kam Polk, um noch die letzte Hand anzulegen, und wird dadurch natürlich Sieger von Belmont.

2.

Tod des Generals Zollikofer. Schlacht in Ost-Tennessee.

Erfolg der Schlacht bei Belmont. Uneinigkeit der Vereinigten-Staaten-Generale. General Zollikofer geht nach Ost-Tennessee. Zersprengung eines kleinen Corps in Barboursville. Adolf Schöpf, General der Unionstruppen. Aufstand in Tennessee. Zerstörung der Eisenbahnbrücken. Verschanzungen am Cumberland. Crittenden wird Obercommandant. Die Feinde nahen. Aufbruch der Conföderirten. Nächtlicher Marsch. Ein Sonntag. Zollikofer beginnt den Reigen. Seine Tapferkeit. Das 15. und 17. Mississippiregiment. Tapferer Angriff. Die Brigade Caroll. Tod Zollikofer's. Wuth seiner Truppen. Erstürmung einer Batterie. Die Feinde fliehen. Neuer Angriff. Die Conföderirten weichen. Muthlosigkeit der Truppen. Crittenden flieht. Ein feiger Cavaleriecommandant. Verzweifelte Flucht. An der Brücke des Big Creel. Einbruch der Brücke. Neuer Muth. Herstellung der Brücke. Glücklicher Uebergang. Ankunft in Camp Belche Grove. Weiterer Rückzug über den Cumberland. Das conföderirte Lager fällt in die Hände der Feinde. Jammervolle Retirade. Elend und Hunger. Ankunft in Nashville. Die Leiche Zollikofer's.

Die Schlacht von Belmont hatte für die Union sehr nachtheilige Folgen, und ganz besonders litten infolge derselben die Operationen im westlichen Theile des Landes. Der bisher der Union treu gebliebene Staat Kentucky fing an, sich in seiner Lage sehr unbehaglich zu fühlen, was sehr leicht zu erklären ist, da nach dem Siege von Belmont, den die conföderirte Regierung und die in ihrem Solde stehenden Journale als einen sehr bedeutenden schilderten, die ruhigen Bürger vor ben Folgen zurückschraken, bie sich über kurz ober lang aus bem Glücke ber Consöberirten entwickeln müßten. Wie wäre es auch möglich, baß brave Patrioten sich für eine Regierung opfern sollten, beren Generale burch Neib, Eigensinn unb Gehässigkeit so oft bas Glück bem Feinbe zuwanbten. Wol war bie Regierung zu Washington zu beklagen, benn wie oft scheiterten nicht ihre besten Absichten, ihre Thätigkeit unb Aufopferung an ber Untüchtigkeit ihrer Generale, wie manche zu ben schönsten Hoffnungen berechtigenbe Erfolge gingen nicht hierüber zu Grunbe.

Die consöberirte Regierung sanbte im Beginn bes Sommers ben Brigabegeneral Zollikofer mit einem Corps von einigen tausenb Mann über Knoxville nach Ost-Tennessee, ba es hieß, baß bie Unionstruppen burch Cumberlanb-Gap bort einfallen wollten.· Das Gouvernement zu Washington kannte in ber That sehr gut unsere wunben Punkte, benn Knoxville sowie bie ganze westliche Gebirgskette von Norb-carolina wimmelte von eifrigen Anhängern ber Union. General Zollikofer, ber sofort bem Auftrage ber Regierung nachkam, telegraphirte an ben Gouverneur Magoffin von Kentucky, baß er, um bie Sicherheit Tennessees zu schützen, bie Gebirgsstraßen von Cumberlanb unb bie brei langen Berge von Kentucky be-setzt hätte,· baß bas consöberirte Gouvernement stets bie größte Achtung vor ber Neutralität Kentuckys gehabt habe, unb baß, wenn bie Unionstruppen ihre brohenbe Stellung am Hoskins-Cross-Roab aufgäben, er auch sogleich bie unter seinem Commanbo stehenben Truppen zurückziehen werbe. Die consöberirte Regierung wollte, wie man hieraus merkt, keine sich barbie-tenbe Gelegenheit versäumen, um Propaganba im Staate Kentucky zu machen.

Wenige Tage nachher rückte ein Theil bes Zollikofer'schen Corps nach Barboursville im Staate Kentucky, wo er eine Anzahl feinblicher Truppen nach kurzem Gefecht versprengte.

Durch dieſes Reſultat aufgemuntert, rückte er mit ſeinem Corps nach Somerſet, indem er dort gleichen Erfolg hoffte. Die Regierung in Waſhington, in Furcht, daß die Verbindung mit ihren zahlreichen Feinden in Kentucky für ſie von nachtheiligem Einfluß ſein könne, gab ſofort Befehl zur Concentration größerer Truppenmaſſen aus den Staaten Ohio und Indiana und übertrug das Commando dem ehemals in der ungariſchen Armee bienenden Offizier A. Schöpf, dem ſie den Rang eines Brigadegenerals ertheilte. Die Wahl dieſes Führers war vortrefflich; denn vorſichtig, tapfer, unermüdlich in der Ausübung ſeiner Pflichten, durch und durch Soldat, vereinigt Schöpf alle Tugenden eines tüchtigen Feldherrn in ſich. Sobald er ſeine Truppen concentrirt, die für einen ſolchen Marſch nöthigen Veranſtaltungen getroffen, rüſtete er ſich ſofort zum Beginne ſeiner Operationen. Sein Plan war, Zollikofer zu ſchlagen, ihn nach Tenneſſee zurückzuwerfen und ſich zum Herrn von Cumberland zu machen, von wo aus er immer einen gewiſſen Druck auf Tenneſſee ausüben konnte. Schon näherte er ſich mit raſchen Schritten der Stellung Zollikofer's und dachte daran, ihm eine Schlacht anzubieten, als das raſche Vordringen des conföderirten Generals Hardee ihm Halt gebot.

Durch das Vorrücken des Generals Schöpf erhielten die in großer Anzahl dort lebenden Unioniſten, deren Hauptleiter Andrew Johnſon, William Bronlow, R. Nelſon waren, wieder neue Hoffnung auf den Sieg ihrer Partei. Dieſe Männer hatten, trotz vieler Gefahren, eine Verbindung gegründet, welche ſich über den ganzen weſtlichen Diſtrict Tenneſſees bis tief hinein nach Nordcarolina erſtreckte, und welche nur den geeigneten günſtigen Augenblick abwartete, um loszuſchlagen. Ihr Hauptplan war, alle Eiſenbahnbrücken in Georgia, Tenneſſee und Virginia zu zerſtören. Kaum rückte Schöpf in Kentucky vor, als die Unioniſtenrevolutionäre ſich in großer Anzahl

erhoben und den Kampf begannen. Auf allen Seiten wurden
die Brücken der Eisenbahnen verbrannt, viele mußten mit
Sturm genommen werden, z. B. die in Strawbury Plain,
indem das dort aufgestellte Militär seinen Posten tapfer ver=
theidigte. Jedoch auch dieser für die Conföderirten so gefähr=
liche Aufstand scheiterte durch das Zurückgehen des Generals
Schöpf, und die Regierung sandte Truppen aus, um die
Rädelsführer einzufangen. General Schöpf vereinigte sich nun
mit General Thomas und beide beschlossen, den Feinden eine
Schlacht anzubieten, und begannen auch ohne weiteres die
Operationen.

General Zollikofer benutzte indessen jede Gelegenheit, sein
Heer zu verstärken. Er zog Kentucky entlang, und aus allen
Orten und Städten, wohin ihn sein Weg führte, folgte eine
große ·Anzahl Leute seinen Fahnen, bis er an den Ufern
des Cumberland Halt machte, um daselbst eine feste Stellung
zu nehmen. Mit Fleiß und Eifer begann er sein Lager zu
befestigen und die weitern Ereignisse in Kentucky abzuwarten.
Sobald die nöthigen Werke errichtet waren, überschritt er den
Fluß, um auch das jenseitige Ufer mit Befestigungen zu
versehen. Kaum hatte er diese Arbeiten beendigt, als sich eines
Tages der General Crittenden einstellte, um das Commando
über sämmtliche Truppen zu übernehmen.

Crittenden war beim Ausbruche des Krieges Kapitän in
der unionistischen Armee gewesen und Präsident Davis be=
lohnte seinen Uebertritt zur Conföderation mit der höchsten
Militärcharge. Die Befestigungen am Cumberland ließen nichts
zu wünschen übrig und die einzelnen Arbeiten zeigten von
Fleiß und Talent. Die Truppen waren gut bewaffnet und
ausgerüstet; Proviant in hinlänglichem Maße, nur das Schuh=
zeug etwas defect, Offiziere und Mannschaften jedoch durch
den Siegesmarsch, den sie ausgeführt, voll Uebermuth und
goldner Siegeshoffnung. Den Verhältnissen nach fand also

Crittenden eine gute Armee, nur das Wetter und die Straßen waren schlecht. Nachdem die beiden Generale Crittenden und Zollikofer sich hinlänglich mit dem Zustand der Truppen beschäftigt, lief plötzlich die Nachricht ein, die feindlichen Generale Schöpf und Thomas bewegten sich trotz des schlechten Wetters von Columbia herunter und verriethen hierdurch deutlich, daß sie die Absicht hätten, unsere Truppen am Cumberland anzugreifen. Crittenden traf sofort Anstalten, dem Angriffe zu begegnen. Die Cavalerie wurde zum Fourragiren ausgesandt, Truppen und Batterien machten sich fertig für den Marsch, kurz, aus den Einleitungen konnten unsere Leute abnehmen, daß auch Crittenden entschlossen sei, dem Feind entgegenzugehen und die beiden vereinzelt marschirenden Colonnen anzugreifen, bevor die eine oder andere Unterstützung eintreffen konnte. Crittenden, von einem guten Erfolge überzeugt, begann trotz der Gegenreden Zollikofer's seinen Marsch. Ehe jedoch die Truppen einen Tagesmarsch vollbracht hatten, war eine solche Demoralisation eingetreten, daß es der ganzen Strenge der Offiziere beburfte, um die Widerspenstigen in Ordnung zu halten, denn die armen Burschen waren durch die entsetzlich schlechten Wege und das fürchterliche Wetter, es regnete und schneite unablässig, vollständig marode geworden, woran ihr schlechtes Schuhwerk die Hauptursache war. Einen Theil der Bagage mußte Crittenden im Kothe stecken lassen und nur die Kanonen waren Gegenstände, vor denen unsere Leute Respect hatten. Rückte ein Theil der Truppen ab, so war die erste Frage: wie viel Kanonen kommen mit? Blieb deshalb ein solches Ding im Kothe stecken, erlahmte die Kraft der Pferde, so waren gleich hundert hurtige Hände bereit, den widerspenstigen Bundesgenossen zum Weitergehen zu bringen. Endlich wurde Halt gemacht, um Menschen und Pferden etwas Ruhe zu gönnen, die Offiziere hielten eine Berathung, wobei die Aufgaben ausgetheilt wurden. Es warb beschlossen, gleich nach

Mitternacht mit dem Abmarsch der Truppen zu beginnen, um sehr früh vor der feindlichen Front anzulangen und sie durch einen kräftigen Angriff zu überraschen. Der Plan war recht schön für gutdisciplinirte europäische Truppen, etwas verwegen aber für Neulinge wie die unserigen. Die Sache wurde jedoch einstimmig beschlossen und kurz nach Mitternacht die Truppen unter die Waffen gerufen. Die Leute standen gerade so durch und durch naß aus ihren Lagern auf, als sie sich niedergelegt hatten, eine große Menge war erkrankt und es mußten Anstalten getroffen werden, sie wegzubringen.

Die erste Brigade Zollikofer's war zuerst marschfertig und begann den Aufbruch, geräuschlos folgten die andern Truppen, die Cavalerie bildete die Vor= und Nachhut. Der Marsch war äußerst beschwerlich, denn Schnee und Regen hatten den Boden so durchweicht, daß es Anstrengung kostete, fortzukommen, besonders da wir mit Munition und Proviant bepackt waren. Zudem war es so dunkel, daß man keinen Schritt weit sehen konnte, die Truppen waren genöthigt, sich fest aneinander zu schließen, um den Weg nicht zu verfehlen. So mochten wir schon ziemlich in die Nähe des Feindes gekommen sein, schon nahte sich der Morgen, und der unheimliche Marsch ging noch immer weiter. Plötzlich erklangen aus der Ferne Glockentöne leise und feierlich, es war gewiß in der Nähe eine Kirche, die die Andächtigen zum Gebete rief, denn es war Sonntag. Es machte einen eigenthümlichen, ergreifenden Eindruck jenes fromme friedliche Geläute der Glocken dort, hier die in dunkler Nacht lautlos dahinwandelnden Colonnen, nicht zur Kirche eilten sie, zum Gebete, nein zur Schlacht. Da knallte ein Schuß, jetzt ein zweiter. — Alles hielt an, Ordonnanzen flogen Nebelbildern gleich vorüber; jetzt entwickelte sich ein fürchterliches Feuer, gleich darauf kam die Nachricht durch unsere Reihen, daß der Feind unsere Vorhut erspäht und auf sie gefeuert habe. Plötzlich donnerte auch eine Kanone ihren tiefen sonoren Baß durch die feuchten, schweigenden Lüfte. Batterie Chapman! tönte das Commando, die Truppen drängten sich in die Gräben, um die Batterie durchzulassen, welche bald mit ihren Munitionswagen vorübersauste. Die brennenden Lunten der Kanoniere tanzten wie Irrlichter; kaum war die Batterie vorüber, als auch die gedrückte Stimmung der Leute fort war. Die Commandoworte ertönten und wurden bestimmt ausgeführt. Nur Zollikofer schien nicht die Hoffnungen der Mannschaft zu theilen; schweigend nnd stumm hielt er am Ausgange des Hohlweges, kalt und finster blickte sein Auge auf die vorüberziehende Mannschaft, wie ein todtes Bild saß er auf seinem Pferde, und hätte nicht der mächtige Rappe seinen warmen Athem in dicken Wolken in die kalte Luft gestoßen, man hätte glauben mögen, Roß und Reiter wären von Erz. Doch da preßt er seinem Rappen die Sporen in die Weichen, Roß und Reiter waren in wenigen mächtigen Sätzen verschwunden.

Nach einigen Minuten befanden sich die Conföderirten in einem heftigen Feuer, sie wollten einen Ueberfall ausführen, und wurden von dem wachsamen Feinde selbst überfallen. Die noch vor kurzem so öde winterliche Gegend hallte wider von Gewehrfeuer, dem dumpfen Ton der Kanonen, und dem Hurrah der beiden Armeen. Zollikofer führte wie gewöhnlich die erste Sturmcolonne. Trotz des Regens und Schnees und des unheimlichen Wetters, welches sich düster über die ganze Gegend gelagert hatte, bewahrten die Truppen eine außerordentliche Lebhaftigkeit. Mit muntern Zurufen bewegten sich die Colonnen an die angewiesenen Plätze. Kaum war der Tag durch die dichten grauen Schneewolken gedrungen, sodaß man Freund und Feind erkennen konnte, als auch General Zollikofer das 15. und 17. Mississippiregiment nahm, lauter tüchtige Soldaten, und dieselben ins Treffen führte. Der erste, welcher fiel, war der Fahnenträger; das brachte etwas Aufenthalt in die vorrückenden Colonnen, mehrere sprangen herbei, die Fahne zu ergreifen, und in wenigen Minuten flatterte sie wieder lustig in der Luft. Jetzt rückten die Truppen jubelnd gegen die gut= gedeckte feindliche Stellung, allein ein schreckliches Feuer empfing sie und richtete Tod und Verderben in ihren Reihen an. Durch persönliche Kaltblütigkeit suchten die Offiziere ihre Leute zu ermuntern und anzufeuern. Zollikofer wußte, daß er seinen Angriff mit Zähigkeit ausführen und aushalten müsse, um den andern Truppen Zeit zu lassen, die angewiesenen Stellungen einzunehmen. Die beiden Mississippiregimenter hielten sich auch äußerst tapfer, obgleich sie schreckliche Verluste zu beklagen hatten, mehr als die Hälfte lag todt oder verwundet zwischen den fechtenden Linien, und es war unmöglich, die Verwundeten aus der Schlachtlinie zu ziehen. Die Feinde kannten ihre Lage sehr gut, sie wußten, daß, wenn sie einmal aus ihrer festen Position herausgetrieben wären, ihre Lage sehr gefährdet sein würde, denn das gräßliche Wetter hatte den Boden so durch= weicht, daß die verschiedenen Bewegungen nur mit großer Schwierigkeit ausgeführt werden konnten. General Crittenden sandte die Brigade Caroll zur Unterstützung; mit Eifer stürzten sich' diese von Sonne und Wetter gebräunten Soldaten auf das Terrain, um ihren Brüdern etwas Luft zu machen. General Zollikofer stellte sich selbst an die Spitze der Brigade und führte sie im Sturme vorwärts. Kaum war jedoch die erste Ebene überschritten, als Zollikofer mit seinem Pferde über eine Barriere setzte, in demselben Augenblicke sah man ihn rückwärts zusammenbrechen, während sein Schlachtroß vornüber stürzte; fast zu gleicher Zeit waren Roß und Reiter eine Beute des Todes. Ein geller verzweifelnder Schrei entfuhr den in seiner Nähe befindlichen Soldaten. Zollikofer ist todt! tönt es durch die Reihen der Truppen; diese, wüthend vor Schmerz, kehren die Gewehre, die ohnehin des Regens wegen nicht von großem Nutzen waren, um und brechen wie Rasende in die

2*

Reihen der Feinde ein, mit dem Kolben alles niederschlagend, was sich ihnen in den Weg stellt. Es ist keine Schlacht mehr, es ist ein Schlachten. Die Feinde, durch den schrecklichen Angriff der Unserigen erschreckt, geben Raum und weichen, die Batterie ist entblößt von ihrer Bedeckung; allein die Artilleristen wollen nicht so feige ihre Waffen verlassen, bei ihren Geschützen harren sie aus, auch wenn sie den sichern Tod vor Augen sehen, furchtbar wüthet der Kampf, Angriff und Vertheidigung werden mit gleicher Wuth ausgeführt und abgeschlagen, und man sieht, die Truppen sind auf beiden Seiten aus einem zähen Volke. Da sinkt auch der tapfere Commandant der feindlichen Batterie vor der Mündung seines Geschützes; endlich drängen zwei Bataillone unter dem Oberst der Conföderirten, Morgan, vorwärts, der Feind flieht gegen den Wald zurück, während sich unsere Truppen kaum vor Erschöpfung auf den Beinen halten können. Jedoch nur ein Augenblick der Ruhe war unsern Truppen gegönnt, denn gleich darauf führte Schöpf seine gesammelten Truppen wieder ins Feuer, nachdem er sie durch einige frische Bataillone verstärkt hatte, um sich der verlorenen Position wieder zu bemächtigen. Wie zwei entfesselte Elemente, ohne Commando stürzen sich die Truppen aufeinander, als wollte jeder einzelne Soldat heute seinem Haß und seiner Erbitterung vollständig freien Lauf lassen. Unsere Truppen werden trotz der hartnäckigsten Anstrengungen über die Hügel zurückgedrängt, und jene Batterie, welche mit Strömen von Blut erkauft worden, ist wieder verloren. Keine Minute vergeht und die geschäftigen Feinde geben unsern Leuten eine volle Ladung Kartätschen, welche in ihren Reihen entsetzliche Verwirrung anrichtet. Unterdessen bemüht sich General Crittenden auf dem rechten Flügel, den er übernommen hat, vergebens, Boden zu gewinnen; die Feinde vertheidigen jeden Zoll breit mit einer Tapferkeit sondergleichen. Alle Anstrengungen der conföderirten Truppen sind vergebens, alle

Angriffe werden abgeschlagen, und vergebens sieht sich General Crittenden nach Hülfe um, da er schon seine sämmtlichen Reserven mit in den Kampf gezogen hat. Da bemerkt er am Saume des Waldes ein Regiment, eilig reitet er, begleitet von seinem Adjutanten, dahin, um die Truppen ins Feuer zu führen; doch kaum in ihrer Nähe angelangt, empfängt ihn eine Salve und sein Adjutant fällt. Uniform und Mantel von Kugeln durchlöchert, eilt er zu seinen kämpfenden Truppen zurück und gibt Ordre, daß die Cavalerie die feindliche Infanterie, welche sich am Saume des Waldes entwickelt, zurückwerfen solle. Da langten auch noch die Nachrichten von Zollikofer's Tode, von dem Verluste der genommenen Batterie bei ihm an und vergrößern die Verwirrung unter sämmtlichen Truppen noch mehr; die feindlichen Generale bemerken dies und verdoppeln auf allen Punkten ihre Anstrengungen. Namentlich aber war es Schöpf, der unablässig seine Linien durcheilt und seine Truppen zur Ausdauer anfeuert; die tapferste Vertheidigung ist nutzlos. Unsere Mannschaft, von Munition entblößt, von Regen, Schnee, Kälte und Hunger entkräftet, verliert alle Hoffnung auf einen günstigen Erfolg. Ihr General, ihr Liebling ist gefallen und seine Leiche in den Händen der Feinde; manchem braven Streiter sinkt die Muskete aus der Hand und widerstandslos fällt er unter den Streichen der Feinde. Jetzt tönt es wie ein Donnerwort: Crittenden flieht! alles stutzt, schaut sich verwundert um; Crittenden flieht, hallt es lebhaft wider. Niemand kennt den neuen General, der erst seit wenig Tagen das Commando dieser Truppen hatte; diese Nachricht führt eine Katastrophe herbei, wie sie selten vorkommt. Kaum sieht die Cavalerie die Infanterie sich zum Laufen die Hügel hinunter anschicken, als der jene Befehligende feige seinen Posten verläßt und, nur um seine liebe Haut zu retten, sich ebenfalls auf die Flucht begibt. Gern möchte ich den Namen dieses Feigen der Nachwelt überliefern, konnte ihn

aber im Drange der kriegerischen Ereignisse nicht erfahren.
Die Cavalerie wirft sich nun auf die aufgelösten Infanterie-
massen, schlägt, tritt und sticht ihre eigenen Leute nieder, um
nur Raum zu gewinnen und ihr eigenes Leben in Sicherheit zu bringen. Die Verwirrung erreichte jedoch den höchsten
Grad, als im Fluge Kanonen und Munitionswagen daher-
gebraust kamen; wie toll fuhren die Kerle in die dichtesten
Haufen ihrer eigenen Leute hinein und warfen sie nieder.
Der Feind bemerkt unsere Verwirrung und schickt uns einige
Kanonenkugeln nach, wovon eine einen Pulverwagen trifft, der
mit donnerähnlichem Getöse auffliegt, und Tod und Entsetzen unter den Truppen anrichtet. Jeden verläßt alle Ruhe,
Haltung und Besonnenheit. Offiziere und Soldaten kennen
nicht mehr das kameradschaftliche Band, jeder sucht sich selbst
zu retten. Gräßlich ist es, als die Truppenmassen, die sich
von Minute zu Minute vermehren, den Big Creek zu überschreiten beginnen. Jetzt bricht eine Kanone zusammen, alles
stürzt darüber hinweg, die Pferde werden erstochen und bilden nun eine noch unbequemere Barrikade. Da donnern
einige Schüsse in unserm Rücken, alles schreit, flucht, brüllt,
alle Ordnung an der kleinen Brücke hört auf; sie fragen
nach nichts mehr, man sieht es nicht, daß der verwundete
Bruder händeringend an ihrer Seite um Hülfe fleht. Alles
hat nur Ein Gefühl, das der Selbsterhaltung; man sollte
nicht glauben, daß dies dieselben Soldaten seien, die durch
Schnee und Eis die Fährte ihres Feindes suchten, welche
Hunger und Durst erlitten, und den Weg mit dem Blut bezeichneten, das von den der Schuhe entblößten Füßen quoll.
Man sollte nicht glauben daß es dieselben Krieger wären,
welche noch vor wenig Stunden, als ihre Gewehre der Nässe
wegen keinen Werth mehr hatten, ihre Feinde mit dem Bajonnet angriffen und sich jener Batterie bemächtigten. Plötzlich
drang ein schrecklich greller Schrei der Verzweiflung durch die

Lüfte, der alles vor Schrecken erstarren machte. Die Brücke
konnte dem stets sich mehrenden Drucke nicht mehr widerstehen
und brach mit schrecklichem Gepolter in die Tiefe. Durch den
anhaltenden Regen war der kleine Fluß zu einem reißenden
Bergstrome angeschwollen. Menschen, Pferde, Balken, alles
kämpfte mit dem rasenden Elemente, ohne desselben Herr werden zu können. Die braungelben Wassermassen schlugen über
den mit den Wellen Kämpfenden zusammen, noch ein Gebrüll,
noch ein herzzerreißender Hülferuf mit halberstickter Stimme,
und dann wurde es still. An beiden Ufern standen die Truppen
wie gelähmt und mußten dem gräßlichen Schauspiele zusehen,
ohne helfen zu können. Merkwürdig war es, daß jetzt unter
den auf dem diesseitigen Ufer vom Feinde bedrängten Truppen,
die von der Verbindung mit dem jenseitigen Ufer abgeschnitten,
wenigstens einige Ruhe und Ordnung wiederkehrte. Sie
sammelten sich um ihre Führer und hingen mit ängstlichen
Blicken an General Caroll, der das Commando übernahm.
Oberst Lewis sammelt rasch einige Compagnien und führt sie
dem Feinde entgegen. Ein Unteroffizier bringt eine Kanone,
mit einem einzigen Mann Bedienung richtet er sein Stück und
gibt Feuer. Kaum war dieser erste Schuß gefallen, als die
ganze vordringende feindliche Linie Halt macht, ja die etwas
zu weit vorgedrungenen Truppen zurückruft. Mehrere Compagnien haben sich unterdessen gesammelt und bilden eine
dichte Tirailleurlinie. Unterdessen arbeiten die am jenseitigen
Ufer liegenden Truppen eifrig an der Wiederherstellung der
Brücke, und gerade als die Hauptmasse der Feinde anlangt,
ist dieselbe so weit fertig, daß unsere Truppen in kleinen
Abtheilungen sie überschreiten können, während die zu beiden
Seiten der Brücke aufgestellten Geschütze ein gutes Feuer auf
den Feind unterhalten und dadurch unsern Truppen Gelegenheit geben, ohne großen Verlust die Brücke zu überschreiten.
Kaum haben die letzten Conföderirten die Brücke passirt, als

auch die feindlichen Tirailleure den Abhang herunterkommen;
die Brücke sinkt auf Commando zum zweiten male donnernd
in die Tiefe. Die Armee war wenigstens zum Theil gerettet,
konnte jedoch der Feind den Uebergang rasch bewirken, so war
der Untergang derselben unvermeidlich. Die ganze Nacht hin=
durch wurde der Marsch nach dem verschanzten Lager fortgesetzt,
gegen Mittag des nächsten Tages kamen die letzten Nachzügler
im Camp Belche Grove an. Crittenden ließ es, so gut es
anging, befestigen, um einen Angriff, den die Feinde ohne
Zweifel beabsichtigten, abwehren zu können. Kaum waren
die nöthigsten Anstalten getroffen, als auch schon unsere aus=
gestellten Vorposten von dem Feinde zurückgetrieben wurden;
einige feindliche Kugeln flogen fast gleichzeitig in unsere Be=
festigungen und zeigten uns, daß der Feind die Brücke rascher
gebaut und für Passage und Batterien passirbar gemacht hatte,
als wir dachten, da er schon bei der Avantgarde leichtes Ge=
schütz hatte. Zum größten Glück war die Nacht im Anbrechen
und machte allen weitern Operationen ein Ende. Auf der
ganzen Bergesrunde begannen nun die feindlichen Truppen
die Lagerfeuer anzuzünden, während wir dies unterlassen
mußten, um dem Feinde unsere Absicht, den Cumberlandfluß
zu überschreiten, nicht zu verrathen. Crittenden beschloß näm=
lich, um seine Armee vor dem gänzlichen Untergang zu retten,
sie den Fluß passiren zu lassen. Er hatte ein Dampfschiff
und drei kleine Barken, mit denen er dieses Unternehmen aus=
führen mußte. Gegen Mitternacht kam die Meldung, daß
das Dampfschiff und die Barken bereit wären, und sofort be=
gann der Transport. Blos die Soldaten konnten befördert
werden, sämmtliche Kanonen, das ganze Gepäck, alle Munition
mußte zurückbleiben. Mühevoll und gefährlich war diese Ar=
beit, da der Fluß durch den fürchterlichen Regen schrecklich
angeschwollen war. Eben hatten die Truppen das andere Ufer
erreicht, als auch schon der Feind unser verlassenes Werk zu

beschießen begann; als jedoch kein Schuß von unserer Seite
fiel, bemerkte er unsern Rückzug und stürzte sich mit großem
Jubel auf das mit so vielem Fleiß befestigte Lager. Die
conföderirten Truppen nahmen unterdessen ihren Rückzug gegen
Monticello. Crittenden beschloß seinen Weg nach Cumberland
zu nehmen, wo er mit Leichtigkeit Verstärkungen, Proviant und
Bedürfnisse aller Art durch die Verbindung des Flusses
erhalten konnte. Allein das Unglück unsers Rückzuges war
so vollständig, daß es sich gar nicht wieder gut machen ließ;
durch die schlechten Wege, anhaltenden Märsche, ungenügende
Verpflegung und fortwährenden Kampf waren unsere Truppen
fast gänzlich aufgerieben, ihr Vertrauen war erschüttert. Ferner
hatten sie ihre sämmtlichen Kanonen, ihr ganzes Gepäck, ihren
Proviant verloren und befanden sich noch dazu in einer Ge=
gend, welche ihren eigenen Bewohnern nur spärlichen Unter=
halt gewährt. Wie sollte hier eine ausgehungerte Armee
auch nur kurze Zeit erhalten werden können? Die Truppen,
durch alle Unglücksfälle demoralisirt, verließen schaarenweise ihre
Kameraden und eilten in die Berge nach Monticello zu. Als
die Armee dieses kleine Städtchen erreicht hatte, in dem sie
den Hunger zu stillen, den müden Körper zu rasten, die Wun=
den zu verbinden hoffte, war daselbst auch gar nichts zu
finden. Die Einwohner hatten selbst mit allem Elend zu
kämpfen und erwarteten von unserm Ueberfluß noch etwas zu
erlangen. Da sank selbst den Tüchtigsten der Muth und die
Frage drängte sich allen in ihrer ganzen Schwere auf: was
soll aus uns werden? Seit vier Tagen marschirten die Truppen,
hatten seit dieser Zeit keine Viertelstunde geschlafen und keinen
ordentlichen Bissen über die Lippen gebracht. Ihre ganze
Mahlzeit hatte in hartem trockenen Mais bestanden, den sie
mit vieler Anstrengung zermalmen mußten, um dem hungerigen
Magen nur etwas bieten zu können; in jenem bergigen Lande
gab es blos Steine, nichts Genießbares. Erhaschten sie ein

Schwein, so wurden die gerösteten Theile halb roh, ohne Brot, ohne Salz hinuntergewürgt. Es war gräßlich, alle Soldaten in diesem schrecklichen Elende dahinwanken zu sehen. Ohne Kleidung, ohne Schuhe, ohne Nahrung schleppten sie sich, soweit die Kraft reichte, um an einen Felsen oder Baum gelehnt ihren letzten Athemzug zu verhauchen.

Allgemeines Entsetzen ging durch das Land, als die Nachricht von Zollikofer's Tode, der Vernichtung des Heeres, den Leiden der Ueberlebenden den Staat Tennessee durcheilte. Es war ein Moment, wo Freund und Feind nur Ein Gefühl, das Mitleid, kennt. Jene kleine stattliche Armee, der Stolz des Staates, war vernichtet, der vom ganzen Lande geliebte Führer todt. Als die Trümmer Nashville erreichten, strömten die Bewohner zu Tausenden herbei, um die Unglücklichen zu empfangen, und als sie jene Leichengestalten erblickten, verhungert, mit gläsernen Augen, blutenden Füßen, in Lumpen gehüllt, da wurde auch das stärkste Herz ergriffen von dem unbeschreiblichen Jammer. Weiber und Kinder benetzten mit ihren Thränen die Hände jener Helden ihres Staates, und kräftige Männer sah man erbeben über das Unglück, das ihr Land getroffen hatte. Verzweifelte Blicke wurden nach oben gesandt, als wolle man den Schöpfer der Welt anklagen für dieses maßlose Elend.

Die Leiche Zollikofer's war in die Hände der Feinde gefallen, welche dem braven, tapfern Manne ihre Achtung nicht versagten. Der commandirende General ließ die Leiche reinigen und sorgsam einbalsamiren. Das Gesicht hatte einen ruhigen, melancholischen Ausdruck, die Züge waren nicht so entstellt von Bitterkeit und Haß, wie die der meisten auf dem Schlachtfeld Gefallenen. Es lag ein so friedlicher, schwermüthiger Schatten auf seinem Antlitz, daß man dachte, er schliefe nur. Ein Büchsenschuß hatte ihn ins Herz getroffen. Zollikofer war seinem Benehmen und seiner Persönlichkeit nach einer jener Män-

ner, die, einmal gesehen, einen so lebhaften Eindruck zurück=
lassen, daß man sie nie wieder vergißt. Seine Soldaten
liebten ihn, sein Staat achtete ihn als einen seiner würdigsten
Söhne. Solange er an der Spitze seiner Truppen stand,
konnte ein so fürchterlicher Zustand überhaupt nicht einreißen;
als sie ihn jedoch fallen sahen, gaben sie mit ihm zugleich
auch die Hoffnung auf ein Gelingen des Kampfes auf, ver=
loren Haltung und Muth. Sein Tod war für die ganze
Ost=Tennessee=Armee ein schwerer, ja unersetzlicher Verlust.

Rückzug der Potomacarmee. Einnahme von Fort Henry und Fort Donelson.

M'Clellan's Operationsplan. Rückzug der Potomacarmee. Bombardement von Fort Henry. General Tilghman. Uebergabe von Fort Henry. Johnstone's Vorsichtsmaßregeln. Befestigung von Fort Donelson. General Floyd in der Mausefalle. Ankunft der feindlichen Armee und Flotte. Belagerung von Fort Donelson. Pillow's Thätigkeit. Die eisengepanzerten Schiffe. Beschießung der Flotte. Schlechtes Wetter. Ein Ausfall wird berathen. Die Truppen rücken aus. Wachsamkeit Grant's. Pillow's Angriff. Nächtlicher Kampf. Floyd wird zurückgedrängt. Die Conföderirten müssen weichen. Hülflosigkeit der Verwundeten. Trauriger Zustand im Innern des Forts. Eine Berathung. Floyd und Pillow flüchten. Capitulation. Grant's Aerger über die Flucht Floyd's. Uebergabe der Waffen. Fall von Fort Donelson.

Trotz der schmachvollen Niederlage, die unsere Regierung erlitten, trotzdem daß sie jeden Halt im Volke verloren, unterließ sie noch immer nicht, den Krieg für ihre Zwecke auszubeuten. Durch ihre geheimen Spione hatte sie erfahren, daß M'Clellan vorhabe, einen Flankenmarsch auszuführen und den Kriegsschauplatz auf die Peninsula zu verlegen, ja daß die Vorbereitungen hierzu schon sämmtlich getroffen seien. Diese Nachricht wirkte ganz allmächtig auf die Regierung und die Generale. Es unterliegt keinem Zweifel, daß, wäre jener geniale Plan M'Clellan's verborgen geblieben, er Richmond ohne großen Menschenverlust und ohne bedeutende Opfer genommen und damit der Conföderation ein Ende gemacht haben würde. Kaum wurde jedoch der südlichen Regierung bekannt, welche Ideen M'Clellan habe, als sie auch sofort den Rückzug der gesammten Potomacarmee anordnete. Man fürchtete sich in Richmond so sehr vor den Planen dieses kühnen Feldherrn, daß die Truppen trotz der fürchterlichen Jahreszeit ihre Befestigungen ohne weiteres aufgeben mußten, — Werke, an denen eine Armee von 100000 Mann monatelang gearbeitet, die Tausenden das Leben gekostet hatten, die stets eine unangenehme Nachbarschaft für Washington waren, dessen Bewohnern sie oft den Schlaf gestört haben mögen.

Alle diese großen Werke mußten ohne Schwertstreich verlassen werden, als der feindliche General nur Miene machte, uns an unserer schwächsten Seite zu fassen. Hierdurch allein hätte sich M'Clellan seinen Platz in der Geschichte gesichert. Eine Armee von 130000 Mann, geschützt durch außerordentliche Befestigungen, zwang er über Nacht alle Vortheile aufzugeben und sich 120 Meilen weiter im Innern des Landes eine neue Vertheidigungsbasis zu suchen. Was bedarf es mehr, um zu zeigen, daß M'Clellan's Plan genial und großartig genannt zu werden verdient! Sobald die Armee ihren Marsch nach der Hauptstadt angetreten hatte, sandte die Regierung den jetzt unentbehrlichen General Beauregard nach Tennessee, um mit General Johnstone für die dortigen Districte einen Operationsplan zu besprechen; doch bevor sich noch Beauregard in Bewegung setzte, hatte schon Grant sich mit seiner Unionsarmee in Bewegung gesetzt, um Tennessee und Kentucky von den Conföderirten zu befreien. Die feindliche Flotte segelte den Tennesseefluß aufwärts, um das auf der östlichen Seite liegende feste Fort zu nehmen. Fort Henry befand sich in einem Vertheidigungszustande, der einem vordringenden Feinde harte Arbeit machen mußte, es war gut mit Kanonen ausgerüstet und hatte außer einem tüchtigen Commanbanten, General Tilghman, eine gute und starke Garnison. Der General Grant, welcher mit einer starken Flotte und vielen Landtruppen anlangte, begann sofort seine Operationen. Die Flottenbatterien eröffneten ihr verderbliches Feuer gegen Fort Henry, das ihnen als Beute verfallen war. Tilghman konnte nur mit Mühe und Noth dieses Feuer erwidern, ver= lor aber trotz der Ueberlegenheit des Gegners seine Ruhe nicht. Obgleich sein Hauptquartier und seine Offizierzelte in Flammen standen und der hierdurch entstehende Rauch, ver= bunden mit dem unausgesetzten Feuer der Batterien, seine ganze Besatzung in eine graue Wolke einhüllte, vertheidigte er sich mit viel Geschicklichkeit und Ausdauer. Hunderte von Kugeln, Bomben, Kartätschen ergossen sich stündlich über diese hoffnungslosen Vertheidiger, welche, von allem Rückzuge ab= geschnitten, kein anderes Los vor sich sahen, als ruhmvoll unterzugehen. Ein schönes Gegenstück liefert die kleine tapfere Schar des Fort Henry zu der unrühmlichen Uebergabe von Roanoke=Island. Erst als die Hälfte der Kanonen demon= tirt, ein großer Theil der Leute todt und verwundet war und das um sich greifende Feuer auch die Munitionsmagazine be= brohte, erst in diesem Augenblick befahl Tilghman die weiße Flagge zum Zeichen der Uebergabe aufzuziehen. Kaum war dieses Signal sichtbar, als auch die Flotte schon wie eine Heerde Raubvögel heranrauschte, sich vor das Fort legte und Besitz davon nahm. Grant achtete den tapfern Commandan= ten so sehr, daß er ihm seinen Degen wiedergab und ihn überhaupt ehrenvoll behandelte. Sobald der zu Bowling=Green stehende General der Conföderirten, Johnstone, von dem Falle des Fort Henry Kenntniß erhielt, richtete er sein Hauptaugen= merk auf Fort Donelson. Er sandte bedeutende Verstärkungen dahin und befahl ihnen bringend, die Arbeiten mit dem größ= ten Eifer zu betreiben, damit der siegestrunkene Feind sie nicht unvorbereitet überrasche. Kaum hatte Johnstone seine bis in

ble kleinsten Details gehenden Arbeiten und Ordres zur Vertheidigung seiner Linie und des Forts beendigt und den Schweiß
von der sorgenvollen Stirn getrocknet, als ihm General Beauregard gemeldet wurde. Nach einer kurzen Erholung begaben
sich die beiden Generale sofort ans Werk, um die sich hier
gestaltenden Hauptpunkte einer Besprechung und Berathung zu
unterwerfen. Als Beauregard die Plane und Vorbereitungen
Johnstone's erfuhr, konnte er nur zufrieden lächeln, da dieselben trefflich angelegt waren. Beauregard versprach seinen
ganzen Einfluß geltend zu machen, daß alle nur irgend entbehrlichen Verstärkungen gesandt und ebenso die für dieses
Armeecorps so nöthigen Bedürfnisse an Kleidern und Waffen
geliefert wurden; auch sollte die seit fünf Monaten rückständige
Löhnung erfolgen. Johnstone ließ ihm dann eine Copie
über die zu treffende Vertheidigung sowie eine Schlacht-
anordnung zustellen, worauf die beiden Generale schieden.
Johnstone übergab dem General Pillow sofort das Commando
von Fort Donelson, und indem er ihn auf die Wichtigkeit dieses Postens aufmerksam machte, gab er zugleich der
zu Rußelsville lagernden Brigade Floyd den Befehl, ohne
Zeitverlust nach Fort Donelson zu rücken und dort weitere
Befehle vom General Pillow entgegenzunehmen. Floyd folgte
diesem Befehle ungern, denn dieses Fort Donelson kam
ihm vor wie eine Mausefalle. Dazu zog Grant mit einer
großen Armee heran, um diesen Punkt unter jeder Bedingung
in seine Gewalt zu bringen. General Floyd, der einen heftigen Widerwillen gegen Unionstruppen hatte, führte lieber
Krieg im Freien und in den Bergen, als in einem Fort, wo
es nur die Alternative: todt oder kriegsgefangen, gab. Zögernd
brach er auf und erwartete stündlich die Nachricht, der Feind
habe das Fort bereits besetzt und mache ihm den Zugang
streitig. Seine Hoffnung ging nicht in Erfüllung; erst als er
im Fort war, erschien Grant's Armee und Flotte und begann

das Fort zu Wasser und zu Lande zu blokiren. Die Flotte warf gleich beim Eintreffen einige Bomben in das Fort, allein die Nacht ließ die Fortsetzung dieser Angriffe nicht zu. Pillow benutzte die ganze Nacht, um die noch unvollendeten Werke in einen vertheidigungsmäßigen Zustand zu setzen. Kaum graute der Morgen, als die Flotte Befehl erhielt, ihr Feuer zu beginnen. Fort Donelson befand sich in wenigen Minuten mit der in der Breite davorliegenden Flotte in einer lebhaften Kanonade, welche bis gegen Mittag dauerte, um welche Zeit der General Grant mit seinen Vorkehrungen so weit vorgeschritten war, daß er einen Sturm beginnen konnte. Die Unionstruppen, noch stolz auf ihren Erfolg von Fort Henry, warfen sich blindlings in die unter Wasser gesetzten Gräben und suchten durch einen ungestümen Anlauf sich der Außenseite zu bemächtigen, doch Pillow zog einige Geschütze aus den mit der Flotte beschäftigten Werken und überschüttete im vollsten Sinne des Wortes die Stürmenden mit einem Hagel von Wurfgeschossen. Grant gab infolge dessen, da die angerichtete Verheerung fürchterlich war, Befehl, die Leute aus dem Feuer zurückzuziehen, was auch mit großer Schwierigkeit bewirkt wurde; bisjetzt war also die Vertheidigung des Forts von seiten Pillow's mit günstigem Erfolge geleitet worden, da die Werke trotz des fürchterlichen Feuers nur geringen Schaden genommen und die Truppen sich im allgemeinen wacker gehalten hatten. Sobald die Nacht hereinbrach, war er auch schon wieder mit dem größten Theile der Garnison an der Arbeit. Eine neue große Batterie wurde errichtet und mit sieben Stück Zweiunddreißigpfündern besetzt und alle Vorkehrungen getroffen, um für den nächsten Tag den Andrang der Feinde abzuwehren. Grant jedoch wußte ebenso gut, daß sich die Belagerung des Forts nicht in die Länge ziehen dürfe, bis Johnstone Verstärkungen erhalten habe, da dieser nicht zögern würde, ihm unter den Augen der Belagerten eine Schlacht anzubieten, welche ihm leicht verderblich werden könnte, und hatte ebenfalls umfassende Vorkehrungen getroffen. Das Wetter war schrecklich, bis an die Knöchel standen die Trup= pen im Wasser, aber nichtsdestoweniger wurde tüchtig dar= auflos gearbeitet, da der General seinen Leuten versprochen hatte, bald die Flagge der Union in dem Fort aufzuhissen. Eine Demontirbatterie wurde über Nacht auf 600 Schritt Entfernung aufgeworfen, während eine andere etwas seitwärts errichtet wurde. Bei Tagesanbruch waren die Belage= rungsarbeiten noch nicht beendet und Grant befahl deshalb, daß von keiner Batterie Feuer gegeben werden solle, da er seine halbfertigen Werke dem feindlichen Feuer nicht zu sehr aussetzen wollte. Gegen Mittag gab er seinen Panzer= schiffen Befehl, einen Angriff auszuführen; schwer und unheilverkündend näherten sich diese Ungethüme. Pillow gab Befehl, das als Avantgarde dienende Schiff mit Zweiund= dreißigpfündern zu beschießen. Trotz des mörderischen Feuers setzte das Schiff ruhig seinen Lauf fort, da die Kugeln, ohne Schaden anzurichten, von demselben abprallten. Erst als es sich auf eine Entfernung von 400 Schritt genähert, schwenkte es und legte sich majestätisch vor das Fort hin; in kurzen Zwischenräumen folgten die andern Schiffe. Wie wenn wäh= rend eines langen, strengen Winters eine vereinsamte Wald= hütte von einer Heerde Wölfe angegriffen wird, so lag das Fort mitten unter den feindlichen Schiffen. Da die Belage= rungstruppen sich unthätig verhielten, so strömten eine Menge Offiziere und Soldaten nach den Batterien, um den Zwei= kampf zwischen den Erdbatterien und den eisengepanzerten Schiffen zu sehen. Gegen 3 Uhr hatten diese ihre Stellungen bezogen und eröffneten auf die kurze Entfernung ein heftiges Feuer. Ebenso heftig wurde unsererseits geantwortet. Als unsere Zweiundbreißig = und Achtundvierzigpfünder keine Wir= kung thaten, befahl Floyd, doppelte Ladungen zu nehmen,

Der erste Schuß brachte das am nächsten liegende Schiff zum Weichen, und die Besatzung jubelte über den Erfolg laut auf. Trafen die Kugeln diese gepanzerten Schiffe, so war es immer, als ob ein Blitz dahinschösse. In kurzem mußte ein zweites Schiff aus der Schlachtlinie gezogen werden, nach wenigen Minuten ein anderes und so fort, bis der Commodore endlich die ganze Flotte aus der Feuerlinie zog, zufrieden mit den erzielten Resultaten, da unsere Arbeiten hart mitgenommen waren. Nicht weniger Ursache hatten die Conföderirten, mit ihren Erfolgen zufrieden zu sein, denn die Truppen hatten wenig gelitten und sich wenigstens an die eisernen Ungethüme gewöhnt. Von Stunde zu Stunde wurde jedoch die Befürchtung, daß man sich nicht gegen die Landarmee und die Flotte zugleich halten könnte, größer. Die Schiffsbatterien hatten bereits große Verheerungen angerichtet, und waren erst die Landbatterien Grant's fertig, so war nicht anzunehmen, daß der Platz einem Sturme werde widerstehen können. Auf Johnstone konnte nicht gerechnet werden, da er bereits den größten Theil seiner Truppen abgegeben hatte und mit dem Reste bei Bowling-Green als Beobachtungscorps stehen bleiben mußte. Alle diese Umstände hatte sich Floyd wohl überlegt und berief deshalb noch denselben Abend eine Anzahl von Offizieren zu sich in sein Quartier, um Mittel und Wege des weitern Verhaltens der Truppen wegen zu berathen. Nach längern Debatten kam man endlich überein, am nächsten Tag mit allen Kräften einen Hauptausfall zu machen. Sofort wurden die nöthigen Offiziere beordert, die Vorkehrungen zu treffen; allein gegen Mitternacht stellte sich strenge Kälte mit dichtem Schneegestöber ein und die Soldaten der Conföderirten, die durch den strengen Wachtdienst, den Mangel an Bequemlichkeit und Nahrungsmitteln viel gelitten hatten, verloren völlig den Muth. In wenigen Minuten waren die für den Ausfall bestimmten Truppen in Schnee eingehüllt. Für den

Ausfall selbst waren folgende Bestimmungen getroffen: Floyd sollte mit seiner Brigade und einer Batterie Vierundzwanzig= pfünder sich der zu unserer Rechten liegenden Höhen bemächti= gen und sich daselbst, nachdem er den Feind vertrieben, fest= setzen. Pillow sollte mit den beiden Brigaden Balduin und M'Causland das Centrum des Belagerungsheeres angreifen und es zu durchbrechen suchen; das Corps, welches sich zwi= schen ihm und Floyd befand, solle er vernichten oder gefangen nehmen. Jede Brigade sollte die nöthigen Truppen zur Be= setzung der Entranchements abgeben. Der Plan war gut, ge= nauere Bestimmungen unterließ man, da man sich mehr auf die momentane Bravour der Truppen als auf eine besondere Ausarbeitung des Ganzen verlassen mußte. Schon um 1 Uhr morgens mußten die Truppen ihre Aufstellungsplätze einneh= men und das Wetter konnte mithin seine ganze Wuth an ihnen auslassen. Trotzdem thaten sie alles, um den Anord= nungen der Führer pünktlich Folge zu leisten. Kaum wies der Zeiger 3 Uhr morgens, als diese beschneiten Massen lang= sam aus dem Fort sich bewegten und sich über die winterliche Ebene ausbreiteten. Das Geräusch der Kanonen und Muni= tionswagen erstarb auf der dichten Schneedecke. Die Avant= garde bildeten Virginia= und Mississippitruppen. Auf diese alten gedienten Soldaten konnte man sich verlassen, und hoffte durch ihre Vorsicht in der Morgenstunde den Feind unerwartet aus dem Schlafe zu jagen. Jedoch man täuschte sich in der Wach= samkeit desselben. Grant, um das Wohl seines Lagers besorgt, inspicirte noch vor Mitternacht seine sämmtlichen Vorposten und schärfte jedem Commandanten nochmals auf das ernst= lichste seine Pflicht ein; allein auch jetzt hatte der rührige Ge= neral noch keine Ruhe, sondern beobachtete noch einmal das um Fort Donelson liegende Terrain. Der Schnee flog in großen Flocken und ein heftiger Nordwestwind machte alles Leben erstarren. Da glaubte er plötzlich auf der hellen Schneedecke

3*

eine dunkele Masse sich bewegen zu sehen und gab sofort Be=
fehl, daß ein Regiment sich fertig machen solle. Kaum hatte
er diesen Befehl gegeben, als auch schon von der ganzen
Vorpostenlinie der Ruf: Halt, wer da? ertönte. Unsere
Truppen, die gehofft hatten, mit den Vorposten zugleich in
das Lager dringen zu können, sahen sich getäuscht, eröffneten
das Feuer und warfen sich mit Erbitterung auf den Feind;
dieser zog sich ruhig auf die Lagerwachen zurück. Da erschien
auch das von Grant beorderte Regiment auf dem Platze; es
war die höchste Zeit, denn nur mit Mühe hielten seine Trup=
pen den Angriff der unserigen aus. In wenigen Augenblicken
ertönten die Alarmschüsse und alles eilte im Lager der Unions=
truppen an seinen Platz. Zugleich hallten vom Flusse Kanonen=
schüsse herüber, die das Signal zum Sammeln der Flotte
gaben. Fest griff Pillow die sich ihm entgegenstellenden Trup=
pen an und zwang sie durch einen Bajonnetangriff zum
Weichen. Zum Laden waren den Leuten die Hände zu starr
vor Kälte und sie mußten daher zu Bajonnet und Kolben ihre
Zuflucht nehmen. Eine eigenthümliche Art der Schlacht war
es, wie sich in der Nacht die dunkeln Massen auf der Schnee=
decke herumschlugen. Schon hatte Pillow solche Fortschritte
gemacht, daß er sich nicht weiter vorzurücken getraute, aus
Furcht, er möchte sich von der auf der rechten Seite befind=
lichen Brigade Floyd zu weit entfernen und sich dadurch zu
großer Gefahr aussetzen. Er sandte einige Offiziere mit der
Botschaft an Floyd, so viel wie möglich mit ihm in gleicher
Linie zu bleiben; allein dieser hatte mit zu großen Terrain=
schwierigkeiten zu kämpfen. Er wollte sich nämlich der Winns=
Ferry=Straße bemächtigen, um sich dann von hier aus mit der
Division Pillow zu vereinigen; dagegen gaben die Feinde der
Brigade Floyd nur Fuß um Fuß breit nach, um sie so viel
als möglich zu ermüden. Kaum waren sie auf dem Hügel
angelangt, als Grant sie mit einer hier aufgestellten Zwölf=

pfünberbatterie in schräger Linie bestreichen ließ, wodurch in
 der Division Floyd eine große Verwirrung entstand. General
Buckner, der die Reserve befehligte, schickte sofort einige Re=
gimenter Verstärkung für Floyd. Grant dagegen, der die Un=
ordnung unter unsern Truppen gewahrte, befahl sofort der
ganzen Linie, den Feind zu fassen und zu werfen. Er selbst
führte seine Truppen gegen unsere rechte Flanke und warf uns
aus einer Aufstellung in die andere zurück. Nie sah man seit
den Tagen von Rich=Mountain und Manassas die Unions=
truppen braver fechten als heute. Man konnte hier den deut=
lichsten Beweis erhalten, wie die Liebe zum Führer den Sol=
daten ermuthigt und stärkt. Ausgezeichnet kämpften auch die
Conföderirten, trotz Kälte, Schnee und Eis hielten sie wacker
Stand; Kolben, Bajonnet und Messer hatten freies Spiel,
Pardon existirte nicht, Blut floß in Strömen und bedeckte die
weiße Fläche mit großen Flecken. Schon währte der Kampf,
oder besser die Würgerei, eine geraume Zeit, und noch waren
keine andern Resultate erzielt als schreckliche Opfer. Mit Tages=
anbruch eröffnete die Flotte ebenfalls ein mörderisches Feuer
auf unsere Truppen, mußte jedoch bald davon abstehen, da
die beiden streitenden Parteien so durcheinander waren, daß
sie beide gleichen Nachtheil von ihrem Feuer hatten. Endlich
konnten sich unsere Truppen kaum noch halten, in Haufen
sanken sie vor Ermattung in den Schnee, um sich nie wieder
zu erheben. Unter diesen Umständen ordnete General Pillow
den Rückzug unserer kämpfenden Truppen an; es war nicht
leicht, in diese des Verstandes halb beraubten Massen etwas
Ruhe und Ordnung, die zum Rückzug durchaus nöthig war,
zu bringen. Des schlechten Wetters und der dadurch verdor=
benen Wege halber mußten die Conföderirten ihre Verwunde=
ten auf dem Schlachtfelde zurücklassen. Rasch und fest ge=
schlossen zogen sich endlich die Trümmer der Division Pillow
aus dem Gefecht, Floyd's und Buckner's Brigade bildeten

die Nachhut. Auch der Feind schien von den Anstrengungen
des Tages genug zu haben und ließ uns ohne Hinderniß den
Rückzug ausführen; nur die Flotte sandte uns ihre Kugeln
nach, welche noch manches Opfer forderten. Gegen Mittag
waren die letzten Truppen mit der Ueberzeugung ins Fort gerückt, daß der Feind ihnen an Tapferkeit nicht nachstehe, die
Offiziere mit der Lection, daß Grant nicht nur wachsam sei,
sondern auch dem ungestümsten Angriff nicht ausweiche. Den
einrückenden Truppen bot sich vom Fort aus ein gräßliches
Schauspiel dar, in weiten Kreisen umher lagen die todten
und verwundeten Kameraden. Manche hoben stehend ihre
Hände zum Himmel empor, der noch immer Schnee und Eis
auf sie niedersandte. Vergebens machten einige Brave den
Versuch zu helfen; sie büßten ihn mit dem Leben, da der
Feind das ganze Schlachtfeld innehatte. Zwei Tage lang
mußten die Conföderirten das Stöhnen und Aechzen ihrer
elenden verwundeten Brüder anhören und hatten kein Mittel,
den Armen zu helfen. Im Fort selbst befand sich die Mannschaft in der schrecklichsten Lage. Viele Leichtverwundete
waren unter ihnen, aber kein Platz, um sie unterzubringen;
den gesunden, kräftigen Leuten waren die Kleider auf dem
Leibe festgefroren und den meisten Hände, Füße, Nase und
Ohren durch die unmenschliche Kälte erstarrt. Dazu waren
die Lebensmittel für eine Garnison von 14000 Mann viel
zu gering. In der Nacht versammelte General Buckner die
höhern Offiziere der Besatzung des Forts in seinem Quartier
und stellte ihnen mit wenigen Worten die traurige Lage der
Besatzung vor. Die Truppen wären durch die seit mehreren
Tagen anhaltenden Anstrengungen in den Trancheen, wo sie
ohne Deckung und Schutz Tag und Nacht in Schnee
und Eis ihren Dienst versehen mußten, in ihren phy-
sischen Kräften total erschöpft; ihre moralische Kraft habe
durch die heutige Schlacht den Todesstoß erlitten. Die

großen Verluste, die Unmasse von Kranken, die sich bei dem schlechten Wetter fortwährend häuften, machten es dem Commandanten unmöglich, auf die Dauer die weit ausgedehnten Flanken zu decken, noch viel weniger den täglich zu erwartenden Angriff der Feinde mit Ruhe und Energie abzuweisen. Daher forderte General Buckner die anwesenden Offiziere auf, Vorschläge zu einer Capitulation zu machen. Die Besatzung, fügte er hinzu, die in allen Punkten ihrer Ehre vollständig genügt, könne kein Vorwurf treffen. Sie seien in dem Fort von einem stark überlegenen Feinde eingeschlossen und könnten vor 6—8 Wochen nicht auf Unterstützung von Johnstone rechnen. Es dünke ihm besser, sich mit den anvertrauten Truppen einer Capitulation zu unterwerfen.

Diese mit klaren Worten dargelegte Lage des Forts machte auf die Offiziere einen beengenden Eindruck; es folgte eine lange, lautlose Pause. General Floyd erklärte, daß er auf keinen Fall capituliren werde und es für seine Person vorzöge, sich durchzuschlagen. Man sieht, Floyd hatte nicht Lust, als Kriegsgefangener nach Washington gebracht zu werden; er hatte Abscheu vor diesem Platze, lieber wollte sich der ehemalige Kriegsminister der Union jeglichem Elend und Entbehrung preisgeben, als daß er als Kriegsgefangener den Unionstruppen in die Hände fiele. Pillow stimmte Floyd bei trotz aller Gegengründe Buckner's; diesem wurde der kurze Oberbefehl übertragen. Pillow und Floyd giengen sofort an die Arbeit, ihre Flucht zu bewirken. Letzterer suchte aus seiner Brigade die besten Truppen aus und zog noch das ausgezeichnete Cavalerieregiment des Obersten Forest hinzu. Kurz nach Mitternacht brachen die kleinen Truppenmassen unter Pillow und Floyd auf, um ihren Durchgang zu versuchen. Mit großer Aufmerksamkeit horchten der Commandant und die Truppen im Fort auf das Zusammenstoßen der beiderſeitigen Truppen. Jetzt hörte man ein kurzes Feuer, dann wurde alles wieder ſtill. Nach wenigen Minuten riefen die Wachen an den Wällen und es meldeten ſich einige von Floyd's Leuten, die ihre Pferde verloren hatten. Die Brigade war ſicher durchgebrochen.

Früh am andern Morgen ſandte Buckner einen Parlamentär ins feindliche Lager, um die Uebergabe einzuleiten. Grant acceptirte ſofort den von Buckner verlangten Waffenſtillſtand; er bezeigte überdies dem mit dem traurigen Geſchäft beauftragten Offizier ſeine Anerkennung wegen ihrer Tapferkeit und Ausdauer; immer achte er einen tapfern Feind, und werde alles Mögliche thun, die Lage der Kriegsgefangenen zu erleichtern. Sofort ſchickte er dann den Chef ſeines Stabes mit den Offizieren nach dem Fort, um die Uebergabe definitiv zu beſchließen und zugleich Anordnungen zu treffen, daß die in großer Maſſe in den Hospitälern liegenden Kranken ſeinem eigenen ärztlichen Perſonal zur Pflege übergeben würden. Die Uebergabe ſelbſt müſſe noch im Laufe des Tages auf Gnade und Ungnade ſtattfinden; ſollte bis 4 Uhr eine Verſtändigung nicht erzielt ſein, ſo werde er mit dem Glockenſchlage das Bombardement wiederbeginnen und nicht eher ruhen, bis das Fort der Erde gleich gemacht ſei. Dieſe mit ſcharfer Stimme geſprochenen Worte verfehlten ihre Wirkung auf die conföderirten Offiziere nicht. Schon wollten ſie ſich entfernen, als Grant ſie frug, wie es ſich verhalte, daß Buckner mit dieſer Capitulation beauftragt ſei, da doch ältere Offiziere im Commando wären, wie Pillow und Floyd. Als dieſe erwiderten, daß beide in der Nacht mit ihren Truppen ſich durchgeſchlagen hätten, lehnte er ſich wie vom Blitz getroffen an einen in der Nähe ſtehenden Tiſch. „Floyd entwiſcht!" dann ſchlug er mit der geballten Fauſt wüthend auf den Tiſch. „Floyd entwiſcht!" Der beſte Vogel, den der General fangen wollte, war ihm entflogen; man ſieht, Floyd

hatte so unrecht nicht, wenn er behauptete, die Unionsregie=
rung lege zu viel Werth auf seine Persönlichkeit. Der beste
Käfig wäre ihm nicht versagt worden. Nachdem dem General
Grant der beste Fang mislungen war, wandte er sich mürrisch
ab und überließ die Capitulation dem Chef seines General=
stabes. Nachmittags 1 Uhr waren die Vorbereitungen so weit
getroffen, daß diese vor sich gehen konnte. Ein Michigan=
regiment, schöne, kräftige Soldaten, marschirte unter kräfti=
gem Trommelschlage in das Innere des Forts, um die Wa=
chen zu beziehen. Die conföderirten Truppen wurden langsam
zusammengezogen. Unter dem persönlichen Commando Buckner's
traten sie ihren Marsch an und passirten noch einmal das
Schlachtfeld, wo mancher rothe Flecken, zu Eis gefroren, die
Stelle bezeichnete, wo sie so heiß und doch vergeblich gestritten
hatten. Spärlich glitzerte die Wintersonne durch die schneeigen
Wolken und beschien beide Armeen, welche sich hier gegenüber=
standen, die eine, die mit freudigem Auge, mit selbstbewußtem
Stolze der Entwaffnung entgegensah, welche sie ihrem Muthe
und ihrer Aufopferung verdankte und hoch ihr Banner wehen
ließ, — die andere zwar auch mit fliegenden Fahnen, aber
traurig, niedergeschlagen, entmuthigt, da sie sie bald vor dem
Sieger senken mußte. Männer, welche der Gefahr und dem
Tode so oft ohne Grauen ins Angesicht geschaut hatten, Krie=
ger, deren Stolz sich durch manche hochherzige Erinnerung
an ihre Fahne knüpfte, mußten heute das, was sie liebten und
ehrten, mit eigenen Händen vernichten. Krampfhaft faßte
mancher die in den Händen zitternde Muskete fester und er=
wartete mit zerrissenem Herzen das Commando, das ihn seiner
Ehre, seiner Waffen berauben sollte. Es war ein beengen=
des, trauriges Schauspiel. Hier Freude, Stolz, Uebermuth,
dort Schmerz, Trauer, Verzweiflung. Jetzt gab General
Grant ein Zeichen, und darauf senkte sich die noch in der
Mitte des Forts wehende Flagge der Conföderation, und mit

diesem Falle legten 13000 Krieger ihre Waffen zu den Füßen
des Siegers. Dann änderte sich plötzlich die Scene, aller
Augen richteten sich nach dem Fort, auf dem in mächtigem
Windstoße das Sternenbanner der großen, mächtigen Union
unter Kanonensalven entfaltete, während die Musikbanden Heil
Columbia spielten und von tausend jauchzenden Stimmen ein
nicht endenwollendes Hurrah zum Himmel stieg.

Fort Donelson war gefallen!

4.

John Morgan.

General Buell bedrängt General Johnstone. Dieser zieht sich auf
Nashville zurück. Geheimer Abzug von Nashville. Schrecken in der
Stadt. Allgemeine Flucht. General Floyd erscheint mit dem Rest seiner
Truppen. Kurze Freude der Einwohner. Verwirrung. Raubgesindel
und Verwüstung. Die Unionstruppen rücken ein. Herstellung der
Ordnung und Sicherheit. John Morgan. Ein Streifzug nach Galla-
tin. Auf dem Telegraphenbureau. Am Bahnhofe. Eine Locomotive
gegen Nashville. John Morgan nimmt allein sechs Soldaten gefangen.
Sein Name wird berühmt und gefürchtet.

Der Fall von Fort Donelson gab dem Feinde den ganzen
Staat Kentucky sowie einen großen Theil von Tennessee preis.
Das war ein niederschmetternder Schlag für die conföderirte
Regierung, namentlich deshalb, weil General Johnstone jetzt
der ganzen Wucht des feindlichen Heeres unter Buell, das
eine Stärke von 40000 Mann hatte, überlassen werden mußte.
Sofort mußte daher Johnstone seine Position bei Bowling-
Green aufgeben und eine Stellung, Nashville gegenüber, ein=
nehmen, um dort Verstärkungen sowie die weitern Bewegungen des Feindes abzuwarten. Nashville war jedoch verloren
und schon am nächsten Tage war er gezwungen, von dort
nach Marfresburo zurückzugehen. Eine fürchterliche Scene
fand nun in Nashville statt, wie sie selten in der Geschichte
vorkommen. General Johnstone mußte nämlich, um seinem

retirirenden Heere nicht so viele Anhängsel aufzuladen, seinen Abzug geheim halten. Kaum hatte jedoch die dortige Bevöl- kerung seine eilige Flucht vernommen, als auch die ganze Stadt in die fürchterlichste Aufregung gerieth; vermehrt wurde dieser Tumult und auf die höchste Spitze getrieben durch den Gouverneur der Stadt, Hariß, der zu Pferde durch die Straßen eilte, die Annäherung der Feinde verkündete und jedem sich zu retten befahl. Alle Bureaux, alle Gerichtshäuser, die eben hier tagende Legislatur, kurz alles wurde in die fieberhafteste Aufregung versetzt und traf Anstalten, die Stadt zu verlassen. Die ersten, welche die Flucht ergriffen, waren die Regierung, die Staatsbeamten und höhern Behörden. Da nun zu dem eiligen Abzuge der Truppen Johnstone's auch noch die wahn- sinnige Flucht der Regierung und ihrer Beamten hinzukam, so läßt sich denken, welche Verwirrung unter dem Publikum hervorgerufen wurde; ich glaube kaum, ein Erdbeben hätte schlimmere Wirkungen haben können; Frauen und Kinder liefen weinend durch die Straßen, mancher Geistliche, der eben noch voll Muth gegen die Feinde losgedonnert hatte, suchte jetzt mit flüchtigem Fuße das Weite. Aus allen Häusern wurden Kisten, Kasten, Koffer zu den Fenstern hinausgewor- fen und kamen als Trümmer auf der Straße an. Alles schrie, rannte, lief, niemand wußte wohin, kurz, sie schienen des Verstandes beraubt. Plötzlich tönte es von allen Seiten, in allen Straßen: Der Feind kommt! Jetzt rennt alles ohne eine weitere Frage, und die Verwirrung erreichte ihren Gipfelpunkt. Oben auf der Höhe erschienen denn auch in der That die gefürchteten Truppen, vorsichtig und kampfbereit rücken sie an; aber als sie sich nähern, sieht man gleich, daß es nicht feindliche Truppen, sondern der flüchtige Floyd mit den Resten seiner Brigade ist. Vorsichtig wie der Fuchs, der die Falle wittert, so näherte er sich. Das entsetzliche, haarsträubende Geschrei und die Flucht der vielen Menschen mahnten ihn zur

Vorsicht. Kaum wurde jedoch in der Stadt bekannt, daß nicht der Feind, sondern conföderirte Truppen in der Stadt angekommen seien, als sich auch die bisherige Verzweiflung in die ausgelassenste Freude verwandelte. Wie Engel vom Himmel wurden die Truppen begrüßt, und alle nur erdenklichen Lebensmittel und Getränke herbeigeschafft, die erschöpften Krieger zu laben. Ausgehungert fielen die armen Truppen über die Speisen her, während die Jugend der Stadt um sie herumtanzte, und die ältern Leute, die unterdessen zurückgekehrt waren, in ihnen ihre Retter begrüßten. Doch als sich die Soldaten an dem gelabt, was ihnen die Liebe der Bürger gegeben, und dann ihre Pferde sattelten, um weiter zu ziehen, da wurde den erstaunten Bürgern klar, daß dieses keine Soldaten waren, die zu ihrer Hülfe herbeigekommen wären und den Schutz der Stadt übernehmen sollten, sondern daß diese noch viel unglücklicher wären als sie selbst, die Reste des tapfern Corps, das sich von Donelson durchgeschlagen hatte. Donelson war also, wie sie jetzt hörten, gefallen, und es war natürlich, daß der Feind sich nun in großen Massen auf Nashville stürzen würde. Fluchend zerstob die Masse, welche Floyd und seine Truppen umgab, ihn sammt denselben zu allen Teufeln wünschend, und jeder suchte durch rasende Eile das Versäumte nachzuholen. Jetzt brach auch jene Pöbelmasse hervor, die nur den rechten Zeitpunkt abgewartet hatte, um ihre Räubereien ungestört und mit Erfolg ausführen zu können; unter lautem Geheul wälzten sie sich nach den Gewölben und Kellern, welche Proviant und kostbare Waaren enthielten. Unter Jubel wurden die Thüren erbrochen und der Inhalt unter die Masse vertheilt. Wie eine Heerde hungeriger Wölfe fielen diese Elenden über die Vorräthe her und in wenigen Minuten war alles leer. Weiber und Kinder, mit Beute beladen, betrunkene Burschen eilten in wildem Lärm durch die allmählich leer werdenden Straßen,

die schwarze Bevölkerung eilte in großen Haufen ebenfalls
in die Stadt, um Theil an der Beute zu nehmen; mancher vorwitzige Neger mußte allerdings seine Neugierde mit
dem Leben büßen, aber dagegen hatten noch wieder hundert
andere die beste Gelegenheit, etwas zu erwischen. In Lebens-
gefahr schwebten die in großer Zahl in Nashville anwesenden
Unionisten, sie waren verloren, wenn die Pöbelmasse den
Gedanken bekam, sich an ihnen zu rächen.

Der Werth des geplünderten Gutes überstieg Millionen
und größtentheils waren es die aufgehäuften Vorräthe der
Conföderirten, welche dem Verderben anheimfielen; Nashville
ging, um kurz zu sein, seinem völligen Untergange entgegen,
wenn nicht die Unionstruppen binnen kurzem eintrafen.

Da verbreitete sich in der Nacht unter dem Raubgesindel
die Nachricht, der Feind sei vor Nashville angelangt. Alle
ruhigen Bürger flehten um dessen baldiges Einrücken. Bald knallten Pistolenschüsse und Dragoner der Union sprengten in wildem Fluge durch die Stadt, alles zu Boden streckend, was
ihnen vor die Klinge kam. Heulend entflohen die Räuber und
überließen Nashville dem in Sturmeile anrückenden Feind.
Nach wenigen Stunden zogen die Truppen unter der Führung
des Generals Grant in Nashville ein und stellten Ruhe und
Ordnung wieder her.

Wol verwunderte Blicke mochten die Unionstruppen auf
die prächtigen Villas und Häuser geworfen haben, die, fest-
verschlossen, kein lebendes Wesen in ihren Mauern bargen.
Die Bewohner derselben waren entweder zur Flucht gezwungen worden oder hatten dieselbe selbst veranlaßt und irrten,
Verstoßenen gleich, ohne Obdach, ohne Heimat mit den retirirenden Truppen umher. Bald war in Nashville durch die
Unionsgenerale die Ordnung wiederhergestellt und der ruhige,
friedliche Bürger konnte unangefochten seinen Geschäften nach-
gehen.

Während sich also in Nashville die Unionstruppen fest=
setzten und hier von den Strapazen an einem Platze, den
sie seiner Lage und seiner Wohlhabenheit wegen ausgesucht
hatten, ausruhten, fing auf dem gegenüberliegenden Ufer ein
Parteigänger der Conföderirten an, sich gefährlich zu machen.
Es war dies der durch seine außerordentlichen Reiterstücke be=
kannte John Morgan. Von ganz gewöhnlicher Erziehung, mit
ungewöhnlichem Muthe und Kaltblütigkeit ausgestattet und
durch seine Tapferkeit bekannt, sammelte er eine Compagnie
Reiter von demselben Schlage wie er selbst, welche alle lieber
fechten und sich den grimmigsten Entbehrungen aussetzen woll=
ten, als ein friedliches, ruhiges Leben führen, und zog mit
dieser Bande, deren Anführer er wurde, im Lande umher und
machte sich zum Schrecken der Feinde. Beinahe kein Tag
verging, wo nicht eins seiner merkwürdigen Reiterstückchen
bekannt wurde. Obwol er mit seinen Leuten zu General
Harbee's Division gehörte und die Bewegungen des Feindes
beobachten sollte, so vollführte er doch lieber Aufgaben auf
eigene Faust. Eines Tages machte er seiner Compagnie den
Vorschlag, die kleine Stadt Gallatin, 26 Meilen von Nash=
ville gelegen und von Feinden besetzt, zu überfallen. Der
bloße Gedanke daran brachte schon eine freudige Aufregung
unter dieser Höllenbande hervor; wie der Blitz eilten sie nach
dem kleinen Städtchen und nahmen es ein. Während nun
seine Leute raubten und plünderten nach Herzenslust, eilte
Morgan selbst' nach dem Telegraphenbureau, um möglicher=
weise wichtige Depeschen zu erhaschen. Der Telegraphist hatte
noch gar keine Ahnung von dem, was in der Stadt vorging,
und als ihn Kapitän Morgan mit der unbefangensten Liebens=
würdigkeit von der Welt frug, was es Neues gäbe? glaubte
der Befragte einen Offizier den Union vor sich zu sehen und
entgegnete: „Ach, nichts Neues; von allen Seiten kommen
blos Erkundigungen nach dem rebellischen Banditen Morgan.

Wenn ich ihn aber je treffen sollte, so würde ich ihm einige
Pillen zu verschlucken geben, an welchen er genug haben
würde"; dabei zeigte er seinen Revolver und steckte ihn dann
wieder in die Tasche. Kaum hatte er dieses gethan, so don=
nerte ihn Morgan an: „Du sprichst jetzt zu Kapitän Mor=
gan; ich bin Morgan, Erbärmlicher." Flehend sank der zu
Tode erschrockene Mann auf seine Knie und bat um Gnade.
„Ich werde dir nichts thun", entgegnete jener; „doch sende
sofort diese Depesche an Prentis, Herausgeber einer Zeitung
zu Louisville." Dieser war als der erbittertste Feind Morgan's
bekannt.

Herr Prentis!

Da ich auf dem hiesigen Telegraphenamt ersah, daß
Sie vorhaben, nach Nashville zu kommen, so erlaube ich
mir Ihnen anzutragen, Sie an der Spitze meiner Bande
dahin zu begleiten. John Morgan,
Kapitän der Guerrilla.

Man kann sich denken, welche Angst Prentis befiel, als
er nach einiger Zeit erfuhr, daß die Depesche echt sei. Kaum
war also dieses freundliche Anerbieten abgesandt, so flog Morgan
an die Eisenbahnstation, um den anlangenden Zug zu beob=
achten. Nach wenigen Minuten kam dieser angebraust. Mor=
gan ließ sofort den Locomotivenführer von einem seiner Leute,
mit der Pistole in der Hand, bewachen, während er die Wagen
durchging und fünf darin anwesende Offiziere gefangen nahm.
Dann verbrannte er die sämmtlichen Wagen, füllte die Ma=
schine mit Terpentin und Harz, verschloß alle Ventile und
ließ die Locomotive mit voller Kraft gegen Nashville laufen.
Schon nach fünf Minuten platzte die Maschine in tausend
Stücke. Morgan setzte sich mit seinen Gefangenen zu Pferd
und erreichte ohne Verlust das Lager seiner Kameraden, die
ihn mit unendlichem Jubel empfingen. — Ein anderes mal

überraschte er ein kleines Piquet feindlicher Truppen, sechs Mann stark. Er war allein; als er sie ankommen sah, sprengte er sofort auf den anführenden Sergeanten und erklärte sich als Unionsoffizier. Er äußerte seinen großen Unwillen über ihre Nachlässigkeit und erklärte sie deshalb sofort als Gefangene, befahl ihnen die Gewehre abzulegen und sich als Gefangene in ihr Lager zu begeben. Verblüfft lieferte der Unteroffizier die sechs Gewehre ab und legte sie auf die Erde. Als die Soldaten sahen, daß Morgan sie einen falschen Weg einschlagen ließ, meldete der Unteroffizier: „Wir gehen hier den unrechten Weg." „Ich glaube nicht", erwiderte Morgan; „ich bin Kapitän Morgan und weiß sehr genau, welchen Weg Ihr nehmen sollt."

Viele dieser Erzählungen sind ohne Zweifel übertrieben, vielleicht sind manche solcher Stückchen gar nicht von ihm ausgeführt worden, aber er erlangte dadurch eine Berühmtheit, die ihn von Tag zu Tag gefürchteter machte.

5.

Johnstone am Tennessee-River. Pillow und Floyd.

General Johnstone sammelt eine neue Armee. Er besetzt das südliche Nashville.' Tennessee-River. Vorposten. Bestürzung im conföderirten Lager. Pillow und Floyd werden von dem Präsidenten Jefferson Davis vor ein Kriegsgericht gefordert. Gärung unter den Soldaten. Pillow's Abschied. Das letzte Lebewohl an seine Truppen.

Unterdessen war General Johnstone nicht säumig und sammelte die zersprengten Trümmer des Heeres von Crittenden und Zollikofer, zu welchem auch die in vollem Rückzuge begriffene Brigade Floyd stieß, sodaß seine Armee wieder auf 21000 Mann anwuchs und ihm Kraft gab, von neuem festen Fuß zu fassen, besonders da er durch den Verlust des Forts Donelson gezwungen war, sich eine neue Vertheidigungslinie zu organisiren. Zu dem Zwecke entschloß er sich, mit dem am Mississippi commandirenden Beauregard in Verbindung zu treten und die Vertheidigung des südlichen Nashville zu übernehmen, um die südwestliche Eisenbahnstraße für unsern Verkehr offen zu halten.

Hier am Tennesseefluß war es, wo die blutigsten Vorpostengefechte vorkamen, Nord und Süd suchten sich hier mit aller Erbitterung, List und Verschlagenheit zu bekämpfen. Eines Tages standen sich hier zwei Vorposten gegenüber, der unserige lag hinter einem Felsen und erspähte mit Tigerblicken die Bewegungen seines Gegners, der sich hinter einem Baume postirt hatte; von Gestalt ein stattlicher Krieger aus Michigan. Stundenlang hatten sich schon die Repräsentanten des Nordens und Südens beobachtend gegenübergelegen und suchten vergebens einen Schuß anzubringen. Dieser langweiligen Unthätigkeit endlich müde, schrie der Conföderist dem Gegner zu, er solle doch etwas hinter dem Baume hervorkommen. Der Gegner folgte der Aufforderung und pflanzte sich kaltblütig wie ein Thurm neben dem schützenden Baume auf. Paff! flog eine Kugel an seinem Kopfe vorbei, ohne zu treffen. „Zu hoch!" rief er; „jetzt ist aber auch die Reihe an mir." Wie eine Schlange wand sich darauf der Südländer hinter seinem Felsen hervor und stellte sich, Gewehr bei Fuß, ebenso seelenruhig als Zielscheibe hin. Da krachte der Schuß — „Zu tief!" rief der Unverletzte herüber. Das grause Spiel wurde auf diese Weise fortgesetzt, bis endlich eine Kugel den Südländer am Ohr streifte. „Hör' auf zu schießen!" rief dieser jetzt. „Habe schon aufgehört", hallte es zurück, und der Südländer, dessen Patronen verschossen waren, schlug vor, nach dem Lager zu gehen, um frische zu holen; sie schulterten ihre Gewehre, der vom Norden summte sich den Yankeedoodle, während der Südländer sein Dixie pfiff und zogen vergnügt von dannen.

General Johnstone übertrug das Commando bei Chattanoga der Division Pillow und Floyd, während er seine Stellung zwischen Memphis und Chattanoga nahm. Doch wie ein Blitz aus heiterer Luft erschien eines Tages im Hauptquartier Johnstone's ein Abgeordneter von Jefferson Davis mit dem Befehle, die Generale Pillow und Floyd sofort ihres Commandos zu entheben. Sie selbst erhielten dann zur selben Zeit Ordre, sich umgehend nach Richmond zu begeben, um sich in Betreff ihrer Handlungen als Commandanten des Forts Donelson, welche sich nicht mit der Ehre eines conföderirten

Offiziers vertrügen, zu verantworten. Wenn nun auch gegen General Floyd manches vorlag, was denselben compromittiren konnte, so konnte doch den General Pillow gar kein Vorwurf treffen. Dieser hatte durch sein Benehmen in der Schlacht bei Belmont, bei seinem Ausfalle aus Fort Donelson Beweise seiner Tapferkeit und Bravour gegeben. Und dennoch wagte jener feige Philister zu Richmond, seinen Maßstab an die Handlungen eines Mannes zu legen, der dem Tode für seine Ueberzeugung so oft kühn ins Auge geblickt und sein Blut auf dem Schlachtfelde eingesetzt hatte. So weit also konnte jener Intriguant seinen despotischen Uebermuth treiben! Was sollte wol noch aus dieser Conföderation werden, wenn sie einmal glücklich ihre Unabhängigkeit errungen hätte? Ein zweites Rußland; und ein zweiter Despot würde kommen, um seine Geisel über das unglückliche Land zu schwingen. Selbst General Johnstone sah das Gefährliche des Spiels, welches die Regierung trieb, denn viele Offiziere, alte gediente Soldaten erklärten, nicht weiter dienen zu wollen, wenn selbst ihre Generale einer so beleidigenden Behandlung seitens des Gouvernements ausgesetzt seien. Im ganzen Lager brach ein Tumult aus, welcher stündlich wuchs, alle Soldaten wurden davon angesteckt und General Johnstone verfluchte den Rathgeber des Präsidenten, den von der ganzen Welt gebrandmarkten Benjamin; zehn verlorene Schlachten, meinte er, hätten nicht so viel Verluste verursacht als dieser Mensch durch sein boshaftes, gehässiges Wesen. Die Aufregung im Lager nahm unterdessen immer größere Dimensionen an und machte die Lage Johnstone's wirklich verzweifelt. Vor sich einen durch die letzten Tage siegestrunkenen Feind, hinter sich eine sich empörende Armee. Johnstone ersuchte den General Pillow, sein Möglichstes zu thun, um die Gärung zu ersticken. Sofort gab dieser Befehl, daß die Truppen seiner Division sich vor seinem Hauptquartier versammeln sollten,

da er ihnen Lebewohl sagen wolle. Wie das dumpfe Brausen
der Meereswogen, die sich vom Sturme gepeitscht am Ufer
brechen, brauste es unheimlich durch alle Lagergassen.
Ueberall standen die Soldaten in dichten Haufen beisammen
und besprachen die Ereignisse. Zahllose Soldaten anderer
Divisionen strömten stündlich herbei, um Zeuge des Abschieds
zu sein, den Pillow von seinen Truppen nehmen würde. Es
kochte und gärte fürchterlich im Lager; jetzt ein kleiner Stoß,
ein denkender Kopf, und um die Conföberation war es ge=
schehen. Bevor jedoch die meuterischen Truppen etwas unter=
nahmen, wollten sie erst ihren General hören. — Wären in
dieser Stunde Davis und sein Famulus Benjamin erschienen,
ihr Ansehen hätte sie schwerlich vor den Wuthausbrüchen der
wilden Soldateska geschützt. Auf einmal wurden die Trom=
meln gerührt und ein Trompetensignal gegeben, zum Zeichen,
daß der General Abschied von seinen Soldaten nehmen wolle.
Wie ein Bienenschwarm drängte sich alles herbei und jeder
wollte möglichst in der Nähe des Generals sein, um nur kein
Wort zu verlieren. Bleich und aufgeregt stand er in Beglei=
tung seiner Offiziere vor der Front. Mit kräftigen, wenn
auch etwas zitternden Worten nahm er Abschied von allen,
die ihm treu gedient, mit denen er manchen Bissen, manchen
Trunk getheilt hatte, die ihn aber auch immer im dichtesten
Kampfgewühl gesehen hatten, weil er immer einen vollen Theil
der Gefahren für sich beanspruchte. Hier stand er, während
ein frostiger Wind seine weißen Haare durchwühlte und die
Bosheit seiner Feinde seine Brust mit Erbitterung erfüllte.
Doch kein Wort des Hasses floh über seine Lippen, er be=
schwor nur seine Soldaten, als brave Söhne ihrer Heimat
treu und unerschütterlich zusammenzuhalten und für die Sache,
der sie schon Ströme von Blut geweiht hätten, heldenmüthig
weiter zu fechten. Mit einem Lächeln fügte er hinzu: „Wir
haben ja nie für das Interesse des Präsidenten Davis ge=

fochten, sondern für das gemeinschaftliche Wohl des ganzen
südlichen Volkes, der ganzen Conföderation; wir haben ge-
duldet und entbehrt nicht für den Vortheil einzelner, sondern
dem ganzen Volke sollte es zugute kommen. Ich trete vom
Schauplatz des Krieges, ihr verfolgt die gewählte Bahn
weiter; aber wo ich auch sein mag, mit Liebe werden euch
meine Gedanken folgen, und wenn die Kunde heldenmüthiger
Thaten, die ihr vollbracht, zu mir bringen, dann will ich
voll Stolz ausrufen, das sind meine Braven, meine Kinder!"
Manches Auge wurde feucht und mancher versuchte die Hand
des Generals zu drücken, welcher jedoch fortfuhr: „Die Regierung kann kraft ihrer Macht mir mein Commando nehmen;
die Liebe meiner braven Soldaten mir zu rauben, vermag
sie nicht." Ein wilder Jubel und Begeisterung bemächtigte
sich der Truppen, alle drängten sich vor, um nochmals die
Rechte ihres Führers zu drücken; fast rührend war es, als
ein wilder Arkansasjäger sich ihm näherte und ihm unter
Händedruck sagte: „Geh' nur, General, doch sei versichert,
du wirst auch in weiter Ferne noch Freude an deinen Buben
haben." — Der Aufruhr war gedämpft.

6.

Schlacht bei Shiloh.

General Johnstone verbindet seine Armee mit der von Beauregarb. Freundliche Aufnahme. Angriffsplan auf den General Grant. Marsch nach Shiloh. Beginn der Schlacht am Morgen des 6. April 1862. Die Division Prentis streckt die Waffen. General Johnstone wird tödlich verwundet. Wüthender Angriff der Conföderirten. Errungene Vortheile. Grant's Tapferkeit. Einstellung des Kampfes. Schlechte Versorgung der ermüdeten Truppen. Neuer Angriff am Morgen. General Grant durchbricht das Centrum. Die deutsche Brigade. Einzelkampf. Eine kleine Pause. Beginn des Kampfes. Angriff der Unionstruppen. Bedrängniß der Conföderirten. Mangel an Munition. Räuberisches Gesindel plündert das Lager. Beauregarb muß weichen. Generale, welche in dieser Schlacht fielen. Verluste der Conföderirten in der Schlacht bei Shiloh. Prinz von Polignac. Beauregarb sammelt eine neue Armee. Carl von Dorn und General Price kommen zur Unterstützung herbei.

Johnstone war sehr erfreut über das wackere Benehmen des General Pillow, welchem er es zu verdanken hatte, daß seine Truppen nicht mehr revoltirten, und begann sofort seine Operationen so einzurichten, daß er mit dem in Missisippi commandirenden General Beauregarb sich verbinden könne. Dieser hatte seine Armee in Korinth am Missisippi zusammengezogen und verfolgte mit Lebhaftigkeit und Spannung die sich in Tennessee und auf den dortigen Flüssen ausbreitenden Feinde, als er eines Tages von einem ausgestellten Posten die Annäherung der Armee des Generals Johnstone vernahm. Wie ein Lauffeuer durcheilte diese Nachricht die Colonnen Beauregard's, und als nun bald nachher Johnstone mit seinem Adjutanten im Hauptquartier Beauregard's ankam, herrschte unendlicher Jubel unter den Truppen, deren Führer wol nicht weniger Grund hatte, sich über die Unterstützung von 25000 Mann zu freuen, da die Generale Buell und Halleck ganz in der Nähe standen, und er stets erwarten mußte, von denselben angegriffen zu werden. Endlich langten die ersten Colonnen der Division Johnstone an. Zwar thaten die Soldaten Beauregard's sich etwas zugute auf die militärische Tüchtigkeit, die sie in Arkansas, Texas und Pensacola bewiesen hatten, doch bewillkommten sie herzlich die durch die fürchterliche Winter=campagne abgehärteten und etwas heruntergekommenen Truppen; die meisten hatten keine Schuhe, keine Mäntel und staunend frugen die Offiziere der Beauregard'schen Armee, ob die Leute denn in diesem Zustande die Campagne mitgemacht hätten. Ach, manchmal noch in schlechterer Verfassung, wurde geant=wortet. Da liefen die Soldaten Beauregard's und brachten ihre Vorräthe, Kleider, Schuhe herbei, denn sie mußten sich gestehen, daß diese Truppen doch noch mehr geleistet hätten als sie.

Beauregard und Johnstone hielten Kriegsrath, wie sie sich in die Aufgabe theilen wollten. Beauregard übernahm Stellung und Commando an der Eisenbahn von Korinth bis Juka, John=stone setzte sich an der Eisenbahn von Korinth bis Bethel fest, und in diesen guten Positionen wollten sie die Organisation ihrer Truppen vornehmen und die Operationen der Feinde beobachten.

General Grant, dessen Waffen ein so glorreicher Erfolg begünstigte, wollte jetzt den Feind in seinen südlichen Baum=wollsteppen aufsuchen, und zu dem Zwecke concentrirte er sämmtliche Streitkräfte an den Ufern des Tennessee in der

Direction von Pittsburg nach Savannah, indem er hier
einer Verbindung mit General Buell entgegensah, welcher sich
aus der Stellung von Nashville nach Columbus bewegte. John=
stone bemerkte mit Sorge und Unruhe diese Absicht der Feinde,
und beeilte sich den General Beauregard zu bestimmen, einen
allgemeinen Angriff zu unternehmen, bevor diese Verbindung
erfolgt sei, da zwei gegen eins zu wetten wäre, daß dieses
Unternehmen siegreich ausfallen würde. Beauregard kannte
wohl die militärische Ueberlegenheit Johnstone's und beeilte sich
deshalb diesem Plane beizustimmen. Es wurde also beschlossen,
den General Grant sofort durch einen raschen Angriff aus
seiner Stellung zu drängen und, wenn man ihn nicht gefangen
nehmen könne, ihn wenigstens auf seine Transportschiffe zu
werfen, da er alsdann gezwungen war, alle Vorräthe und
den Munitionsbedarf in unsern Händen zu lassen. Es sollten
dann sofort Anstalten getroffen werden, diese Beute nach Ko=
rinth zu schaffen. Nach Johnstone's Plane sollte der Angriff
schon Samstags geschehen, 3000 Wagen mit dem dazu nöthigen
Personal sollten bereit gehalten werden, die Beute nach Korinth
zu bringen. General Beauregard begann seine Bewegungen
bereits am Donnerstag; jedoch die Straßen waren in einem so
schlechten Zustande, daß er erst Samstag früh zum Ziele
kam; der Hauptangriff mußte mithin auf Sonntag verschoben
werden. Hätte Beauregard schon früher die gehörigen Anordnun=
gen für seine Truppen getroffen, die Sache wäre ohne Zweifel
Samstags zum Vortheile unserer Waffen entschieden worden,
denn ehe dann Buell der angegriffenen Armee zu Hülfe kom=
men konnte, war diese geschlagen. Beauregard ließ aber die
nöthigen Arbeiten erst dann vornehmen, als sie längst voll=
bracht sein sollten.

Die nöthigen Befehle wurden jetzt ertheilt. General
Hardee marschirte mit seinem Corps und einer Brigade des
Generals Bragg gegen Pittsburg, während die Cavalerie sich

in den Feldern bewegte; ihm auf dem Fuße folgte die zweite
Brigade Bragg's, während sich auf einer mit dieser parallel
laufenden schlechtern Straße die Heertheile der Generale Johnstone und Polk dahinbewegten. Die Reserve folgte auf einer
dritten Straße unter Brelinridge. Die Truppen marschirten trotz der schlechten Straßen getrosten Muthes; jeder war
eines guten Erfolges gewiß, noch am Samstag kamen sie
in Pittsburg und Harrisburg an und befanden sich also im
Angesichte des Feindes. Kaum graute der Morgen des 6.
April 1862, als ein Punkt in der wellenförmigen Gegend sich
als Stellung des Feindes auswies. Dieser hatte in der
Nähe von Shiloh Position genommen; die Kirche hatte er
als Hauptstützpunkt gewählt, während er die Straße von
Pittsburg nach Korinth mit einem starken Corps besetzt hielt.
Die Gegend war wie zum Schlachtfelde geschaffen, nirgends
hätte man ein besseres Terrain zum Zusammentreffen zweier
großen Armeen ausfindig machen können. Es war keine
weite Ebene, sondern ein wellenförmig geschwungenes Terrain, auf welchem beide Gegner die schönsten Bewegungen
ausführen konnten. Für Artillerie und Cavalerie ließ das
Terrain ebenfalls nichts zu wünschen übrig. Kaum zeigten
sich unsere äußersten Spitzen, als uns die wachsamen Feinde
mit ihren gezogenen Kanonen ihren Morgengruß entgegen-
sandten. In wenigen Minuten war die ganze Scene umgewandelt, an die Stelle der tiefen Ruhe, die noch vor kurzem
geherrscht hatte, trat mit einem male der wildeste Tumult.
Feindliche Regimenter zogen mit fliegenden Fahnen und klingen-
dem Spiel an ihre angewiesenen Plätze, während Kanonen und
Munitionswagen einherrasselten, Generale, Offiziere und
Adjutanten aller Waffengattungen vor dem Auge des Be-
schauers vorüberflogen. Bald wurde es auch in der consö-
derirten Armee lebhaft, die Regimenter, an deren Aussehen
und Marschart man die Herkunft derselben sogleich erkennen

konnte, defilirten vorüber. Die feurigen Söhne Louisianas
tanzten gleichsam nur daher, während die Männer von Texas
und Arkansas, die Bewohner des Waldes, ernst und schwer
einherschritten; schon ihr fester Tritt, ihr ruhiges, kaltes Auge,
ihre kräftigen Muskeln ließen annehmen, daß der Feind einen
schweren Stand mit ihnen haben würde. Dann sausten die
leichten Cavalerieregimenter unter ihren jungen Führern Young,
Lewis, Connor vorüber, prächtige Pferde und gute Reiter.
Ihnen folgten mit donnerndem Getöse die zu den verschiedenen
Abtheilungen gehörigen Batterien. — Jetzt begann das Feuer
auf der Vorpostenkette und nahm von Minute zu Minute an
Heftigkeit zu; noch betheiligten sich indessen keine Batterien
und keine vollständigen Regimenter, und alles eilte noch, um
vor dem Beginne der eigentlichen Schlacht seine Stellung zu
beziehen. Endlich war dies geschehen, jedes Corps hatte seine
Stellung; die Avantgarde, die den Strauß eröffnen sollte, stand
unter dem Commando des Generals Hardee, während Johnstone
und Beauregard das Centrum, Bragg den rechten, Polk den
linken Flügel commandirten, und Brekinridge in gedeckter Stellung sich mit der Reserve aufstellte. Jetzt gab Beauregard
der Colonne Hardee Befehl zum Angriff, welcher hauptsächlich
gegen die Division des Generals Prentis gerichtet war, der
seine Stellung zwischen Owl und Lick-Creek genommen hatte.
Wie eine Lawine, die sich von den Gletschern löst und donnernd
in die Tiefe fährt, stürzte sich die Angriffscolonne auf die
Feinde. Gleich beim ersten Stoße, der mit großer Wucht
ausgeführt wurde, gewannen unsere Truppen etwas Boden,
Johnstone sendet sofort die Brigade Trabues zur Unterstützung;
die sich auf die schon etwas weichenden Feinde stürzt und sie
unter Kolbenschlägen und Bajonnetstößen zu wilder Flucht
zwingt. Die 5000 Mann starke Division Prentis sieht sich gezwungen, die Waffen zu strecken. Die Gefangenen wurden
augenblicklich hinter die Reserven gebracht, während der Rest

der Division sich nach allen Richtungen zerstreute. Grant be=
merkte sogleich die Vernichtung dieser Division und daß unsere
Truppen sich auf dem gewonnenen Terrain festzusetzen suchten.
Im Fluge sandte er zwei Batterien nach den am meisten be=
drohten Punkten und ließ die dort stehenden Conföderirten
mit einem gewaltigen Hagel von Wurfgeschossen überschütten.
Vergeblich sind Johnstone's Anstrengungen, die Division Hardee
zu halten. Grant feuert so fürchterlich, daß die Trümmer
jedesmal nach allen Richtungen auseinanderstieben, sobald die
Leute Miene machen, sich zu sammeln. Da ertheilt Beaure=
gard dem Centrum den Angriffsbefehl, während Johnstone per=
sönlich mit einigen Regimentern zur Unterstützung Hardee's
herbeieilt. Kaum war Johnstone in die Schlachtlinie Hardee's
eingerückt, so schmetterte auch schon eine Kugel ihn tödtlich
verwundet vom Pferde. Wie wenn ein Blitz sie getroffen,
durchzuckt die Nachricht von Johnstone's Fall die Reihen der
Kämpfenden, sie stürmen wüthend vorwärts und werfen den
mit Todesverachtung kämpfenden Feind aus allen Stellungen,
sodaß er genöthigt ist, unter den Schutz seiner Kanonenboote
sich zurückzuziehen; kaum hatte man da die Gefahr der Landarmee
bemerkt, als auch von dort ein verderbliches Feuer auf unsere
Truppen erfolgte. Grant hielt sein Centrum nur mit Mühe
und Noth in Ordnung; allein er hielt es trotz aller Stürme,
die Beauregard und Polk ausführen ließen. Wurde das Cen=
trum durchbrochen, so war die ganze feindliche Armee ver=
nichtet, und der Moment war also kritisch genug. Grant
schlägt unsere Angriffe tapfer ab und sucht kämpfend unter
das Feuer der Flotte zu gelangen. Sämmtliche Truppen be=
fanden sich seit 5 Uhr morgens in unaufhörlicher Arbeit und
konnten nicht durch frische abgelöst werden, da fast sämmtliche
Reserven bereits schon mit in den Kampf gezogen waren.
Die Verluste dieses Tages waren ganz außerordentlich, na=
mentlich für uns, da einer der tüchtigsten der conföderirten

Generale gefallen war; er war der eigentliche Oberbefehlshaber, die Seele, die dem großen Körper Leben gab. Wo er sich befand, kämpften Offiziere und Soldaten ausgezeichnet, da sie zu ihm ein ganz unbegrenztes Vertrauen hatten. Ueberdies war Johnstone der einzige General außer Beauregard, der von der Regierung zu Richmond nicht beschränkt wurde, sondern dessen Talent man freien Spielraum ließ. Durch seinen Tod kam die Armee wieder unter das Obercommando Beauregard's, und obwol auch er viele warme Anhänger unter den Offizieren und Soldaten hatte, so genoß er doch im allgemeinen nicht das Vertrauen, welches einem Oberbefehlshaber so dringend nöthig ist. Die weitern Operationen mußten nunmehr wegen der beginnenden Dunkelheit eingestellt werden, und leider zeigten sich wieder die unverzeihlichsten Nachlässigkeiten in der Verwaltung, welche gar nicht vorkommen müßten. Die Soldaten, welche den ganzen Tag, ohne einen Bissen zu sich zu nehmen, gefochten hatten, hatten weder Lebensmittel noch konnten die verschiedenen Brigaden ihren Munitionsbedarf fassen, denn obgleich dieselben schon seit 5 Uhr morgens unterwegs waren, so waren sie doch abends um 9 Uhr noch nicht angelangt; nichtsdestoweniger wurden die weitern Dispositionen für den folgenden Tag getroffen. Die Truppen waren jedoch verstimmt und mismuthig. General Beauregard hätte beim Beginne der Schlacht an solche Eventualitäten denken müssen, damit keine Störungen vorfallen konnten; als aber General Johnstone gefallen war, war er zu sehr als Oberbefehlshaber anderweit beschäftigt, als daß er an dergleichen hätte denken können, und dennoch hätte dies seine erste Sorge sein müssen.

Während die Truppen auf dem Schlachtfelde bivouakirten, stellte sich ein heftiger Regen ein, sodaß sie bald in kleinen Teichen lagen und sich vergebens bemühten, die Gewehre trocken zu halten. Beunruhigt kamen die Offiziere zusammen,

besprachen ihre Verluste und stellten traurige Betrachtungen
an, falls es General Grant gelingen sollte, sich mit Buell zu
vereinigen. Die Nacht verfloß finster und stürmisch, nur dann
und wann von einzelnen Flintenschüssen durchtönt, die die Vor=
posten sich gegenseitig zusandten. Endlich dämmerte ein mattes
Grau am fernen Horizont und verkündete den nahenden Tag.
Kaum nahmen die verschiedenen Brigaden und Divisionen
ihre Stellungen ein, als auch die feindlichen Truppen und
Batterien ein lebhaftes Feuer begannen. Ohne uns nur etwas
Zeit zum Ueberlegen zu geben, griff Grant mit vieler Kühnheit
unser Centrum sowie den linken Flügel an; der Zusammen=
stoß war so heftig, daß unsere Schlachtordnung der ganzen
Länge nach erbebte. Ein Schrecken bemächtigte sich unserer
Truppen; der Feind, den sie am vergangenen Tage fast ver=
nichtet hatten, in dessen Reihen sie zahllose Verheerungen an=
gerichtet, den sie heute vollends zu besiegen hofften, dieser ge=
schlagene, verjagte Feind eröffnete heute selbst das Treffen.
Doch nicht lange durften die Conföderirten sich ihren Betrach=
tungen hingeben, denn die Sieger von Fort Donelson griffen
mit stürmischer Wuth an. Hier galt es zu handeln, rasch zu
handeln, denn Grant stürzte sich wie ein verwundeter Löwe
auf unsere Truppen, um am heutigen Tage die Schmach des
gestrigen abzuwaschen. Am ärgsten war der Kampf im Cen=
trum und auf dem linken Flügel, wie wilde Thiere stürzten
sich die Feinde aufeinander und richteten in ihren Reihen ein
schreckliches Blutbad an. Unsere Truppen hielten mit Bra=
vour die Stürme lange Zeit aus; — da fängt ein Missis=
sippiregiment an zu wanken, vergebens sind alle Anstren=
gungen der Offiziere, sie lassen sich nicht halten und wei=
chen Schritt vor Schritt zurück. Grant bemerkt diese Ver=
wirrung und läßt den Punkt ins Feuer nehmen, nimmt einige
Ohioregimenter, bahnt sich mit Heftigkeit einen Weg in die
entstandene Lücke und setzt sich fest, trotzdem daß General

Bragg ihn durch eine zwölfpfündige Batterie beschießen läßt;
wie Halme vom Schnitter gemäht, so sinken reihenweise seine
Truppen hin, allein sie weichen nicht. Da rücken zwei Brigaden zur Unterstützung Grant's heran, doch auch Beauregard
erscheint mit der Reservecavalerie und zwei Batterien. Die
Cavalerie geht zur Attake auf die beiden feindlichen Brigaden
über; doch bevor es noch zum Handgemenge kommt, schmettern
die feindlichen Salven ganze Reihen nieder und richten unendliche Verwirrung an. Diejenigen, welche, sich aus dem
Wirrwar hervorarbeiten können, stürzen in aufgelöster Ordnung auf die Feinde, wo sich allmählich ein merkwürdiger
Einzelkampf entspinnt. Schuß, Stich, Schlag, Abwehr folgen
rasch einander. Als Beauregard bemerkt, daß Grant seinem
Hauptangriff jene beiden Brigaden entzieht, greift er ihn
nun in der Front an und zwingt ihn, seine mit so großer
Tapferkeit behauptete Stellung, allerdings unter fürchter-
lichem Gemetzel, aufzugeben. Ruhig weicht Grant mit den
Trümmern seiner schönen deutschen Brigade, doch nur um
den Truppen etwas Ruhe zu gönnen. Der Verlust auf beiden
Seiten ist enorm und die in Unzahl umherliegenden Leichen
und Schwerverwundeten bieten einen schrecklichen Anblick; zudem
gab es keine Transportmittel und vergebens riefen die Hülf-
losen die Kämpfenden an. Unterdessen ritt Beauregard mit
seinem Stabe die Stellungen entlang, überall war der Kampf
schrecklich gewesen und mit den Reserven war man so ver-
schwenderisch umgegangen, daß jetzt, wo man derselben so nöthig
bedurfte, keine mehr vorhanden waren; verwirrt und unruhig
läßt er seinen Blick von einem Punkte zum andern schweifen,
doch zum Denken bleibt ihm keine Zeit, da der Feind, durch
frische Truppen verstärkt, auf der ganzen Linie vorrückt; jetzt
konnte kein Zweifel mehr sein, Buell hatte die gefürchtete Ver-
einigung mit Grant bewirkt. Der Feind ergriff mit aller
Macht die Offensive, um uns die Früchte, welche wir schon zu

besitzen glaubten, wieder zu entreißen. Von einigen Gefangenen erhielten die Conföderirten endlich die sichere Nachricht, daß die Corps der feindlichen Generale Nelson und Mc. Cook sich mit dem Grant'schen Corps vereinigt hätten. Alle Anstren= gungen der Feinde gingen jetzt dahin, Beauregard's Centrum zu durchbrechen und sich so rasch als möglich in den Besitz ihrer Stellungen vom vergangenen Tage zu setzen. Stattlich mar= schirten die Regimenter von Ohio, Illinois, Wisconsin und Indiana heran, um den Kampf von neuem zu beginnen und womöglich die Entscheidung herbeizuführen. Fest und standhaft halten unsere Leute auch diesen Angriff aus, doch von neuem und immer von neuem kehren die feindlichen Colonnen zurück; in Unordnung, versplittert, aufgelöst, werden sie nur aus dem Feuer gezogen, um ihre Lücken auszufüllen und dann verstärkt wieder ins Treffen zu gehen. Vergebens fordern die con= föderirten Generale von Beauregard Unterstützung, damit sie nur theilweise ihre geschwächten Truppen aus der Schlachtlinie ziehen können; die meisten Regimenter hatten ihre Stabsoffiziere ver= loren und ihre Munition gänzlich aufgebraucht. Beauregard ließ sie bitten, nur noch eine Stunde auszuhalten, dann wolle er Ver= stärkungen und Munition senden. Dies waren jedoch nur leere Worte, denn er war nicht im Stande, sein Versprechen zu er= füllen. Der größte Theil der Reserven war in den Kampf verwickelt und der andere Theil trieb sich raubend und stehlend unter einer Masse Gesindel im eroberten feindlichen Lager um= her. Tausende jener Vagabunden verließen ihre Posten und eilten ins Lager, um Beute an Freund und Feind zu machen. Per= sönliche Tapferkeit hatte Beauregard wol bewiesen, allein zum Oberbefehlshaber fehlte ihm die gehörige Umsicht. Hätte er jene Tausende, die, nachdem sie die Waffen weggeworfen, sich plündernd umhertrieben, auf einem Punkte zusammengehabt, er hätte dann dem Centrum solche Unterstützung geben können, daß es auf seinem Posten ausharren konnte, wenn auch seine

Flanken zurückgedrängt worden wären. Die durch die großen Verluste geschwächten Truppen hätten eine concentrirte Stellung annehmen können, ohne in ihren Bewegungen gestört zu werden. Alles blickte mit großer Spannung nach dem Centrum, in dem seit einigen Minuten das Gewehrfeuer unserer Leute aufgehört hatte. Es benahm dem Tapfersten den Athem, als er merkte, daß das Centrum sich in völlig vertheidigungslosem Zustande befand. Frische feindliche Sturmcolonnen brausen von neuem heran, mit wildem Hurrah werfen sie sich auf unsere ermatteten Truppen, die vollständig ohne Munition sind; ruhig empfangen sie das verderbliche Feuer der Sturmcolonnen. Da, kein anderes Mittel mehr sehend, führen die Commandanten des Centrums ihre Colonnen dem anbringenden Feinde entgegen und ein fürchterliches Handgemenge beginnt. Grant, den wichtigen Moment erfassend, läßt seine geringe Cavalerie gegen die nur auf Handwaffen angewiesenen Truppen vorrücken, während er unsern rechten und linken Flügel aus einer Stellung in die andere zurückdrängt. Die Lage war jetzt verzweifelt; Beauregard läßt sofort seine gesammte Artillerie Position bei der Shilohkirche nehmen, um den Rückzug der Truppen zu decken. General Brekinridge erhielt Befehl, alle nur aufzubringende Truppen zu sammeln und daraus eine Reserve für die sich zurückziehende Armee zu formiren. Gegen Mittag wurde der Befehl zum Rückzug gegeben und mit ziemlicher Ordnung ward derselbe auch bewerkstelligt. Nur das Centrum wollte aus dem erbitterten Kampfe nicht weichen. Die Soldaten mußten von den eigenen Offizieren aus dem Gefecht gezogen werden. Endlich, 3 Uhr nachmittags, waren die Truppen mit entsetzlichen Verlusten aus dem Treffen gewichen, und General Grant und Buell bemühten sich, unser in aller Ordnung vor sich gehendes Zurückgehen in Flucht zu verwandeln. Mangel an Cavalerie, die Erschlaffung seiner Truppen, dann die ausgezeichnete Position unserer Batterien zwangen Grant jedoch bald, sich mit den errungenen Vor-

theilen zu begnügen. Unsere Truppen zogen sich mit großer
Mühe in ihre angewiesene Stellung zurück. Fast die ganze
Armee war eine blutige, zersplitterte Masse, von Pulverdampf
und Staub geschwärzt. Ermattet sanken die Soldaten, die nun
seit 20 Stunden unausgesetzt im Feuer gewesen waren, nieder. Einer hatte für den andern nicht das geringste Interesse
mehr. Der Verlust in manchen Brigaben und Regimentern
überstieg alle Begriffe; manche waren so becimirt, daß man
sie sofort bei andern unterbringen mußte, die weniger gelitten
hatten. Den größten Verlust erlitt die Armee durch den Fall
so vieler Führer. Den Reigen eröffnete Johnstone; er fiel, indem er seine Truppen zum Sturme führte; eine Musketenkugel
zerschmetterte ihm den Fuß im selben Augenblicke, als er noch
seinem Adjutanten, dem frühern Gouverneur Harhs von Tennessee,
einen Befehl ertheilte. Als dieser zurückkehrte, fand er Johnstone
wie eine Leiche im Sattel sitzend. „Sind Sie verwundet", frug
er ihn; „ich glaube, ich sterbe", stöhnte Johnstone und sank
todt vom Pferde. Der zweite war der frühere Gouverneur
Johnsone von Kentucky, der die Truppen seines Staates führte;
von drei Kugeln getroffen, stürzte er nieder, und als einige
Offiziere ihm zu Hülfe eilten, gebot er ihnen, zu ihren Truppen
zurückzukehren, er wolle allein sterben. Fast unkenntlich wurde
seine Leiche erst lange nachher entdeckt. Brigadegeneral Gladden
wurde sammt seinem Roß von einem gezogenen Geschütz zerschmettert. Major-General Chatham wurde tödlich verwundet,
nachdem bereits drei Pferde unter ihm erschossen worden waren.
Major-General Clark wurde ebenfalls tödlich verwundet und
lag rettungslos danieder. Brigadegeneral Hinbmann, B. R.
Johnstone und Bowen waren schwer verwundet und zum wenigsten sehr lange Zeit dienstunfähig gemacht. Der Verlust an
Todten und die Anzahl der Verwundeten war so groß, daß
es auf zehn Meilen in der Runde kein Haus gab, aus dem
man nicht Stöhnen und Hülferufen vernehmen konnte. Ganz

Korinth war ein einziges Hospital und noch immer schleppte
man unglückliche Opfer herbei, welche um Hülfe und Lin=
derung ihrer unendlichen Leiden flehten; mancher, der sich müh=
sam bis zum Thore des Asyls geschleppt hatte, sank im An=
gesichte seines Rettungsortes nieder und verhauchte hier sein
Leben. Zu dem Elende gesellte sich eine starke Kälte und ein
heftiger Nordwind, die noch manches Opfer unter den im Freien
liegenden Verwundeten forderten. Nach den ersten nothdürftigen
Zusammenstellungen hatten wir in dieser denkwürdigen Schlacht
2400 Todte, 10,000 . meistens ganz gräßlich Verwundete,
2—3000 wurden vermißt, sodaß der ganze Verlust mindestens
auf 15,000 Mann veranschlagt werden konnte. In Bezug auf
das Blutbad gehört diese Schlacht zu den denkwürdigsten, die
die neue Welt gesehen hat, denn der Verlust der Feinde war
mindestens ebenso groß. Wehmüthige Betrachtungen drängen sich
einem unwillkürlich auf, wenn man bedenkt, wie viel ein Volk zu
leisten vermag, zu welchen Opfern es bereit ist, wenn es glaubt
für sein Recht und seine Existenz zu fechten. Die Truppen auf
unserer Seite waren größtentheils den Staaten Mississippi,
Tennessee, Kentucky, Alabama, Louisiana und Arkansas ent=
nommen, ihr Benehmen während der Schlacht ließ sie mit jedem
europäischen Heere in die Schranken treten, und wenn auch
manche Regimenter, namentlich der Reserve, nicht ihre Schul=
digkeit den fechtenden Kameraden gleich thaten, und selbst zu
ordinären Dieben und Beutemachern herabsanken, so wirft das
keinen Schatten auf jene blutigen Trophäen, auf jene übrig=
gebliebenen Reste der schönen Armee, die ihre Pflicht dem Volke
gegenüber so erfüllt hatte, daß sie sich selbst die Achtung der
Feinde erwarb.

Allein auch den Truppen der Union und ihren Führern
Grant, Buell, Sherman und Nelson darf man die schuldige
Anerkennung ihrer Verdienste nicht versagen. Es war gewiß
für den Sieger von Fort Henry und Donelson ein harter Schlag,

daß er mit seinem kleinen Heere den Angriffen unserer gesamm=
ten Streitmacht ausgesetzt war, ein verzweifelter Moment, als
die schöne Division Prentis vor seinen Augen zu Grunde ging;
allein trotz aller Verluste, trotz der stets sich wiederholenden
Angriffe ließen sich die Unionstruppen nicht zum Weichen
bringen. Siegen oder sterben war ihre Losung, sie brachten
das erhebende Bewußtsein mit, dem Feinde trotz der kalten
Jahreszeit, trotz aller Mühen auf dem Fuße gefolgt zu sein,
sie hatten Fort Henry und Donelson genommen. Mit solchen
Erinnerungen ist es dem braven Soldaten eine Lust, unter
den Augen eines tüchtigen Anführers, unter der wehenden Fahne
seines Regiments als wackerer Krieger zu kämpfen. Nach dem
zweitägigen Gefecht war auch die Unionsarmee unter Buell und
Grant erschöpft und bedurfte nach diesem theuer erkauften Siege
der Erholung; sie konnte es deshalb nicht verhindern, daß
Beauregard sich bei Korinth festsetzte, um hier seine zerrüttete
Armee aufs neue zu organisiren. Wenn auch durch diese
Schlacht große in die Augen fallende Resultate für die Union
nicht erzielt wurden, den Erfolg hatte sie wenigstens, daß sie
unsere Truppen belehrte, daß die feindliche Armee überall
in Missouri wie in Virginia mit dem Patriotismus kämpfe,
den die Conföderation nur ihren Truppen zutraute, zu welchem
Eigendünkel die gesammten Journale nicht wenig beitrugen, die
in den Truppen der Union nur bezahlte Söldner sahen. Der
zweite Vortheil war der, daß die Feinde auch in den Besitz der
westlichen Grenzen von Georgia und Alabama gelangten, wo=
durch sie ihre Streifzüge bis Huntsville und Decatia ausdehnen
und auch in diesem Theile der südlichen Staaten die Ueber=
legenheit ihrer Waffen zeigen konnten. Beauregard entwickelte
vor Korinth eine unendliche Thätigkeit zur Reorganisation
seiner Armee, wobei er von seinem Adjutanten, dem Prinzen
von Polignac, unterstützt wurde. Daß der thätige Antheil, den
dieser Offizier an der Schlacht genommen, die Tapferkeit, die

er vielfach gezeigt und durch die er sich als echter französischer Offizier bewährt hatte, von Beauregard in dem Rapport an Jefferson Davis unerwähnt blieb, geschah wol nur deshalb, weil er ein Fremder war und die Südländer es nun einmal nicht übers Herz bringen können, einem Ausländer in dieser Hinsicht Gerechtigkeit angedeihen zu lassen: sie sind auf den Ruhm so eifersüchtig, daß sie ihn einem Fremden, hätte er auch die gerechtesten Ansprüche darauf, versagen.

Nach kurzer Zeit schon strömten Truppenmassen aus allen Theilen der mehr südlichen Staaten zum Ersatze herbei. Die Soldaten unter dem Commando des Earl von Dorn erregten besonders Bewunderung, sie kamen aus Arkansas; dann erschienen die Truppen Missouris unter ihrem Lieblingsgeneral Price und wurden mit unendlichem Jubel empfangen. Bald war die Armee Beauregard's wieder zu einer solchen Stärke angewachsen, daß er sein Glück von neuem versuchen konnte.

Blokade von Cap Hatteras.

Zustand in Richmond. Hohe Preise daselbst. Die Senatoren berathen
über ihren Lohn. Gesetz des Generals Winder. Große Noth. Neues
Unheil. Die Unionsflotte läuft aus. Cap Hatteras wird bombardirt
und genommen. Kriegsminister Benjamin. General Wise wird freundlich behandelt. General Henningsen traut nicht.

Während des Winters 1862 war die Regierung der Vereinigten Staaten außerordentlich thätig. Ihre Flotte hatte
einen Stand erreicht, der ihr die Möglichkeit gab, nicht allein
die Blokade unserer südlichen Häfen mit aller Kraft aufrecht zu
halten, sondern auch beliebig Truppenmassen nach irgendeinem
Punkte der Küste zu dirigiren. Während die Unionstruppen
mit allen möglichen Bequemlichkeiten ausgerüstet waren und
dadurch alles Ungemach der Witterung mit Leichtigkeit ertragen
konnten, fing bei uns und namentlich in der Potomacarmee
die Blokade an, ihre nachtheiligen Folgen zu äußern. Alle
Artikel, welche der Soldat für seine Bedürfnisse durchaus nöthig hatte, wurden theuer oder stiegen zu so hohen Preisen,
daß der Soldat diese von seinem Sold nicht erschwingen
konnte. Das friedliche, nicht fechtende Publikum ergriff diese
Gelegenheit begierig, mit den armen Vaterlandsstreitern zu
feilschen und zu handeln. Von Tag zu Tag stiegen die Preise,
besonders in Richmond, der Capitale des Südens, zu einer

solchen Höhe, daß man mit Schrecken der Zukunft gedachte, wenn dieser Zustand lange anhalten sollte. Selbst die gewöhnlichsten Bodenerzeugnisse, wie Kartoffeln, Kohl, Kraut, dann auch Eier, Butter, Schmalz mußten so ungeheuer bezahlt werden, daß viele Hospitäler ihre Kranken auf halbe Rationen setzen mußten, und es zur Unmöglichkeit wurde, ihnen eine kleine Stärkung zu reichen. Da erließ General Winder, der Provost-Marshall von Virginien, in Richmond ein Gesetz, welches die Marktpreise regulirte und die Uebertreter mit schwerer Strafe bedrohte. Nun wurde es noch schlimmer, denn man konnte nicht einmal für Geld etwas haben, da der Farmer lieber zu Hause blieb und seine Probucte behielt, als daß er sie mit geringem Nutzen hergeben sollte; waren doch alle Waaren, die er aus der Stadt mitnehmen wollte, wie Kaffee, Zucker, Sirup, Thee, auch zu fabelhaften Preisen emporgestiegen, und man konnte es diesen Leuten gar nicht so übel nehmen, wenn sie auch einmal die Gelegenheit benutzen wollten, ihre Mitmenschen auszubeuten; hatten sie doch Gelegenheit genug, zu sehen, wie selbst die Vertreter der Nation, die Senatoren, das Geschäft in viel größerm Maßstabe betrieben. Als die Nation vor Richmond in Strömen ihr Blut vergoß, als sie für ihre Freiheit, die sie angetastet glaubte, sich in Stücken hauen ließ, als sie hülflos, verwundet vor den Thüren ihrer Feinde lag, als jenes blutige Schauspiel vor den Augen der Bevölkerung Richmonds aufgeführt wurde, da saßen die edeln Vertreter der conföderirten Regierung und debattirten Tag und Nacht, man wird denken für die Linderung jenes Unglücks ohne Zweifel, das die Armee getroffen? O nein! Oder vielleicht beriethen sie ein Gesetz zu Gunsten der Hinterbliebenen der Leichen, die jetzt auf dem Schlachtfelde von der Sonne gebleicht wurden? Weit gefehlt! Dann vielleicht, um Hülfe für diejenigen zu schaffen, die auf dem Schlachtfelde zu Krüppeln wurden und das Mitleid der Vorübergehenden

zu beanspruchen genöthigt sind? Keine Idee! Jene Volksver=
treter verhandeln im selben Augenblicke unter sich, welchen
Lohn sie vom Staate für ihre Dienste verlangen sollen. Eine
Partei beansprucht 2400 Dollars, während die Mehrzahl nicht
von 3000 Dollars ablassen will. Draußen stürzen in jeder
Stunde Hunderte unserer braven Soldaten unter den feindlichen
Kugeln und Bajonneten; hungernd, dürstend, mit allem Elende
ringend, muß der Held sein Blut zum Opfer geben. Dagegen
sitzen die Vertreter der Conföderation im sichern Hause und
streiten um den Judaslohn. — Well, dachte nun der Farmer,
können jene die Kuh melken, kann ich's doch auch, und da es
ihm verboten wurde, lieferte er, wie gesagt, gar keine Producte
mehr und in wenigen Tagen litt Präsident Davis sammt
seinen getreuen Schwarzen Hunger, denn auf den Märkten
gab es nichts zu kaufen. General Winder erhielt also Befehl,
jenes Gesetz hinsichtlich der Marktpreise aufzuheben, was denn
auch gleich geschah. Natürlich wurde nun dadurch der Farmer
im höchsten Grade von seiner Wichtigkeit überzeugt und stellte
denn auch für die gewöhnlichen Nahrungsmittel solche Preise,
daß sie selbst für die Wohlhabendsten nicht zu erschwingen
waren. Mit den Marktpreisen stiegen denn auch natürlich
wieder alle andern zum gewöhnlichen Bedarf nöthigen Artikel.
Kaffee und Thee gehörten schon lange zu den Luxusgegenstän=
den, statt des erstern wurde geröstete Gerste gebraucht; Thee
und Zucker waren nur für die Reichen bezahlbar. Durch die
vermehrte Anzahl der Hospitäler wurde dann auch die Milch
überaus theuer; Bier durfte nicht mehr gebraut werden und
das wenige, was noch vorhanden war, wurde nur zum ärzt=
lichen Gebrauche verordnet. Wein wurde mit Gold aufgewo=
gen; nur noch das schmuzige gelbe Flußwasser, dessen Wärme
man nicht einmal mit einem Stückchen Eis kühlen konnte,
war für die Unbemittelten zum Trinken vorhanden.

Unterdessen rissen schreckliche Krankheiten in unsern Armeen am Potomac und in Virginien ein, Tausende von erkrankten Kriegern wurden nach Richmond geschleppt, um dort Wartung und Pflege zu erhalten. Jetzt brach ein neues Unheil, größer als alle vorhergehenden, auf die Conföderation los, ein Unheil, welches Tausenden und abermals Tausenden schonungslos das Leben nahm, ein Unheil, dem die Zeit nicht steuern, das sie nur vermehren konnte; es waren nämlich alle Medicamente, alle Hülfsmittel für die Kranken so zusammengeschmolzen und so versiegt, daß nicht nur die passenden Nahrungsmittel, sondern auch die allergewöhnlichsten Medicamente nicht mehr selbst für schweres Geld zu erhalten waren. Von dem ver- zweifelten Zustande in den Hospitälern macht man sich keinen Begriff; die Furcht vor Krankheiten in Privathäusern grenzte ans Unglaubliche, der Gesunde scheute sich, einen guten Bissen zu essen, wenn er an die unzähligen Elenden dachte, die danach schmachteten, und trug alles, was er entbehren konnte, hoch- herzig in die Hospitäler; dadurch wurde er selbst matt und schwach und wankte durch die Straßen eher einem Schatten als einem Menschen gleichend. — Schreckliche Zustände!

Unsere Gedanken wurden etwas von unserm innern Elende abgelenkt, als eine große Unionsflotte aus dem nördlichen Hafen lief, um irgendeinen Punkt unserer Küsten anzugreifen. Alles verfolgte jetzt mit großer Spannung und Interesse die Operationen dieser Flotte; jeder war neugierig, wo der Com- mandant Butler denn eigentlich eine Landung ausführen werde. Schon nach wenigen Tagen, während sich das Publikum noch in Vermuthungen erging, langte schon die traurige Nachricht an, daß das Fort Hatteras von den Feinden genommen sei. Der Commandant Barron hatte sich auf Gnade und Ungnade ergeben müssen. Dieser Schlag, obwol er uns nicht ganz un- erwartet traf, wirkte doch mächtig auf das Volk, indem dadurch klar wurde, daß die Regierung der Vereinigten Staaten nicht nur entschlossen war, uns durch die Blokade einzuengen, sondern auch an unsern Küsten festen Fuß zu fassen suche. Jetzt, nachdem die Conföderation so schlagende Beweise erhalten hatte, daß der Norden so lange versuchen würde, uns von allen Seiten zu fassen, bis er uns an der Kehle hielt, jetzt begann der kleine Wurm Benjamin sich zu krümmen und zu recken. Da ergriff er die umfassendsten Maßregeln, nach seiner Meinung, um das mehr als je bedrohte Vaterland zu retten. Unsere Legion, sonst so stiefmütterlich behandelt, fand auf einmal Gnade vor seinen Augen. Gleich wurde der gute General Wise zu mehreren Besprechungen ins Cabinet geladen, alle Beschwerden, sonst schnöde abgewiesen, wurden pünktlich berücksichtigt, alle Vorwürfe ruhig eingesteckt, kurz, man schien mit einem male der beste Freund des Generals Wise geworden zu sein. General Henningsen traute jedoch all diesen Schmeicheleien nicht, sein Auge sah weiter und er ermahnte zur größten Vorsicht.

———————

8.

Fall von Roanoke-Island.

General Wise wird nach Roanoke-Island gesandt. Wie die conföderirte Regierung ihre Generale behandelt. General Henningsen berichtet im Kriegsrath über Roanoke-Island. Vernachlässigung der Wiselegion. Eine Revolte in Petersburg. Aufnahme der Truppen in Portsmouth. Wise inspicirt die Arbeiten auf Roanoke-Island. Er eilt nach Richmond. Eine Unterredung mit dem Kriegsminister. Der alte General erkrankt vor Aerger und Anstrengung. Ankunft der feindlichen Armaba. Ein Kanonenboot. Bombardement von Fort Bartow. Die Dampfboote Forest und Curlew werden in den Grund gebohrt. Unsere Flotte ergreift die Flucht. Die Werke von Roanoke-Island müssen verlassen werden. Oberst Shaw's Tapferkeit. Capitulation auf Gnade und Ungnade. Kapitän Wise's Tod. Flucht des alten Generals.

Wie eben bemerkt, hatten die Unionstruppen an der Küste vor Hatteras festen Fuß gefaßt und sich dadurch einen Anhaltepunkt errungen, von wo aus sie ihre fernern offensiven Plane ausführen konnten. Obgleich wir nun von diesen Planen der feindlichen Regierung durch zahlreiche Spione unterrichtet waren und mithin Zeit und Muße hatten, Maßregeln zu treffen, um ihr Vorhaben zu vereiteln, so war doch unser damaliger Kriegsminister Benjamin gar nicht der Mann, seine Stellung zum Wohle des Landes auszufüllen. Jetzt, wo Nordcarolina in der größten Gefahr schwebte, beschloß er endlich, nachdem er zum Handeln gleichsam bei den Haaren gezogen war, den General Wise nach Roanoke-Island zu fenden, und war froh, ihm eine Stelle anweifen zu können, in der er keine Gelegenheit zur Auszeichnung hatte, und noch weniger bedeutende Erfolge zu erringen vermochte. Er fowol wie der Präfident waren beruhigt, als fie auf eine fo billige Weife die Generale Wife und Henningfen loswurden, da fie namentlich des erftern Einfluß auf das Volk beforgt machte. Sie fürchteten feinen energifchen Charakter und waren überzeugt, daß, wenn er einmal im Felde fich geltend mache, er einen unwiderftehlichen Einfluß auf die ganze Armee haben würde. Schon deshalb würde fich weder der Kriegsminifter noch der Präfident entfchloffen haben, ihm ein Commando zu übertragen, wo er Hoffnung auf Erfolg haben könnte. Die andern Generale wurden auf ihr Verlangen ftets auf das bereitwilligfte mit allen disponibeln Truppen, Munition, Kanonen, Pferden, Wagen unterftützt, während Wife, trotz der bringendften Vorftellungen, faft nie berückfichtigt wurde; im Gegentheil, man freute fich, wenn er in der Patfche faß und fich dann felbft herauszuwinden fuchen mußte, denn die Regierung half ihm ficher nicht. Ebenfo verfuhr fie mit General Henningfen. Anftatt dem erfahrenen, verdienftvollen Soldaten ein Commando zu geben, in dem er feine Kenntniffe verwerthen konnte, gab fie es lieber einem Pfaffen, der gar nichts davon verftand, jedoch für den Präfidenten ein werthvolleres Talent befaß — Einfluß im Süden —, wogegen Henningfen nur ein Fremder war und den Umtrieben der Regierung höchftens durch feinen ehrlichen, offenen Charakter gefährlich werden konnte.

General Wife erhielt alfo vom Kriegsminifter die Ordre, das Commando auf Roanoke-Island zu übernehmen, fein Corps auf 10000 Mann zu bringen und fich dann mit demfelben nach Albemarle-Sund zu begeben, um dort dem Feinde durch die Befetzung von Roanoke-Island in feinem Vordringen auf unfere reichen Küften Nordcarolinas ein Ziel zu fetzen.

Man hatte ihm versichert, daß seit länger als sechs Monaten
der Ingenieurkapitän Selben das Island in Vertheidigungs=
stand zu setzen beauftragt und auch mit den Bauten so weit
vorgeschritten sei, daß man nur noch die Kanonen einzufahren
und die vollständig ausgeführten Befestigungen zum Schluß zu
bringen habe. Proviant wäre in großen Massen vorräthig,
überdies besäße er durch die im dortigen Sund postirte Flo=
tille unter Commodore Flinch eine hinreichende Macht, jedes
Vorbringen des Feindes zu verhindern. Wise und Henningsen
sind keine Männer, welche zögern; ersterer übernahm also so=
fort die Zusammenziehung der Infanterie, Henningsen die
Artillerie, während die Cavalerie dem Obersten E. übergeben
wurde. Mit Thätigkeit gingen die Commandirenden ans
Werk. Kaum hatten sie jedoch ihre Instructionen in der
Tasche, als auch schon ihre Beschwerden begannen. Die
Stärke der Legion auf 10,000 Mann sollte durch Rekrutirung
beschafft werden; das war nun ganz gut, aber niemand hatte
mehr Lust zum Dienen. Vergebens bat Wise den Kriegs=
minister, da im Interesse von Nordcarolina gehandelt werden
müsse, ihm von den zu Tausenden um Richmond lagernden
Truppen so viele zuzuweisen, daß er ohne Zeitverlust sei=
nen Marsch antreten könne, um nicht gänzlich unvorbereitet
im schlimmsten Falle einen Kampf bestehen zu müssen; er
hatte es jedoch mit einem Menschen zu thun, dem er trotz seines
Geistes nicht gewachsen war. Benjamin bedauerte unendlich,
hierin nicht seinen Wünschen willfahren zu können, so gern er
auch wolle; Jefferson Davis übe einen zu hemmenden Ein=
fluß auf das Kriegsministerium aus und halte alle hier lagern=
den Streitkräfte für den Potomac und Tennessee bereit. Er
beschwor ihn, nicht länger zu zögern, sondern so rasch als
möglich das Commando von Roanoke=Island zu übernehmen,
da bereits sichere Nachrichten eingetroffen wären, daß eine
neue Expedition der Feinde zu Baltimore und Philadelphia

unter General Burnfide ausgerüftet würde und sich Roanoke-
Island zum Ziele gewählt habe; daß ferner, wenn der Feind
sich den Eingang in Albemarle-Sund erzwingen sollte und die
feindliche Armee einmal Besitz von den Kornkammern Nordcarolinas genommen, man ihm das errungene Terrain schwerlich so bald wieder nehmen könne. Um auch noch die letzten
Zweifel des Generals zu befeitigen, verfprach er ihm, dem
commandirenden General von Portsmouth, Huger, fofort In-
ftruction geben zu wollen, den Wünfchen des Generals Wife
in jeder Weise zu entfprechen. Durch alle diefe falfchen
Verfprechungen ließ fich General Wife bewegen, feinen Ab-
marfch zu befchleunigen und das Commando. fofort zu übernehmen. In feinem Hauptquartier wurde noch einmal Kriegsrath gehalten und der Zuftand der Armee befprochen. Henningfen detaillirte mit großer Klarheit, daß durch das unverantwort-
liche Betragen des Kriegsminifters die Armee während des Feld-
zugs im Weften Virginiens fo ungeheure Verlufte erlitten
habe, daß die Frucht von fünfmonatlichen Anftrengungen nutzlos
hätte aufgegeben werden müffen; daß felbft jetzt, wo man
während fechs langen Wochen im Lager zu Richmond gelegen
habe, für die Completirung und Ausrüftung der Truppen rein
gar nichts gefchehen fei. Die Batterien warteten auf Be-
fpannung, die Infanterie habe Waffen, die man mit diefem
Worte nicht bezeichnen könne; während das Kriegsminifterium
allen andern Truppen die gebührende Aufmerkfamkeit fchenke,
fie mit guten Waffen verfähe, ihnen überhaupt alle Reffourcen
öffne, wäre fie gegen die Wifelegion ftets ftiefmütterlich ge-
finnt gewefen. Daß das Kriegsminifterium diefelbe mit den
fchwierigften Aufgaben betraue, würde man als Ehre annehmen und fich gern gefallen laffen, wenn man dabei die Ueberzeugung hegen dürfte, daß die Regierung die dargebrachten
Opfer anerkenne, was jedoch nicht entfernt der Fall fei.
Geftern habe ihm noch der Commandant der Cavalerie mit-

getheilt, daß durchaus keine Sättel für die Wiselegion vor=
handen wären; die eben neu eingetroffene Compagnie habe
dieselben sofort erhalten. „Darum", so fuhr Henningsen
fort, „schlage ich den berathenden Mitgliedern vor, alles
wohl zu erwägen, ehe sie sich zu einem Unternehmen her=
geben, das die schlimmsten Folgen für die Legion und den
Vorwurf der Nation nach sich ziehen kann; Kapitän Bol=
ton, den ich überdies mit der Inspection der Vertheidigungs=
werke von Roanoke=Island beauftragt habe, hat mir darüber
folgenden Rapport abgestattet: Die Insel befindet sich in nichts
weniger als einem vertheidigungsfähigen Zustande und die
Arbeiten werden mit einer solchen Nachlässigkeit und Lauheit
betrieben, daß sie von keinem Nutzen sein können. Von den
zwölf auf der Liste des Kriegsministers fungirenden Batterien
kann man nur eine einzige als genügend ansehen, alle andern
sind völlig unbrauchbar. Dazu befinden sich die Straßen von
Portsmouth in einem so schlechten Zustande, daß kaum die
Infanterie auf denselben vorwärts kommen kann; für Kanonen
und Wagen ist dieses geradezu unmöglich."

Diese einfachen und klaren Enthüllungen verfehlten nicht,
selbst bei den Ruhigsten ein unheimliches Gefühl zu erwecken.
Henningsen empfahl dann den anwesenden Offizieren, für die
Completirung der Bespannung, Ausrüstung der Infanterie
und Cavalerie Sorge zu tragen, und ließ die Versammlung
darauf in lebhafter Debatte zurück. Vor dem Abzug nach
Roanoke=Island entschloß sich Wise noch einmal, dem Kriegs=
ministerium Vorstellungen zu machen. Doch alles war nutz=
los. Benjamin war nicht der Mann, der sich irre machen
ließ; er versprach dem General alles, sodaß dieser sich endlich
beeilte, auf seinen Posten zu kommen. Das erste Regiment,
unter Oberst Richardson, trat zuerst den Marsch an, dann
folgten die Regimenter Anderson, Thler, Green, hierauf in
kurzen Zwischenräumen das erste und zweite Cavalerieregiment,

der Artilleriepark, letzterer unter persönlicher Leitung des Ge=
nerals Henningsen. Das Wetter war entsetzlich und versprach
uns einen höchst unangenehmen Marsch. Stumm und finster
bewegten sich die Colonnen vorwärts, mancher mochte wol
eine trübe Ahnung haben, daß wir wieder, von jeder Verbin=
dung abgeschnitten, dem Feinde geopfert werden sollten. Zu
Petersburg brach eine kleine Revolte unter den Truppen aus,
und der commandirende General war genöthigt, ein paar der
Aufrührer niederschießen zu lassen, um den Rebellen den Muth
zu weitern Ausschreitungen zu nehmen. Diese energische
Strafe wirkte auf die andern und stellte die Ruhe wieder
her. Trotz des schlechten Wetters machten die Truppen tüch=
tige Fortschritte und die Krankenliste zeigte nur wenige Patien=
ten. Die Leiden und Mühseligkeiten der Legion begannen
dafür desto ärger in Portsmouth. Der daselbst commandirende
General Huger behandelte unsere Offiziere mit einer gewissen
Rücksichtslosigkeit und schien überhaupt die ganze Legion als
eine Masse Untergebener zu betrachten.

Die Quartiere der Truppen wurden nach dem miserabelsten
Theile der Stadt verlegt, Anfragen und Requisitionen mit
Gleichgültigkeit beantwortet. Und trotzdem wollte der Kriegs=
minister Benjamin dem Commandanten von Portsmouth In=
struction gegeben haben, der Legion in jeder Weise förderlich zu
sein. Den meisten Aerger hatte Henningsen, welcher gehofft
hatte, in Portsmouth die Bespannung seiner Artillerie so=
wie Munitionswagen zu vervollständigen. Diese Hoffnung
wurde ihm gleich bei seiner Ankunft benommen und der Ar=
tillerie war es somit unmöglich, den Marsch mit den andern
Truppen fortzusetzen.

General Wise und Henningsen hatten jetzt eine Bespre=
chung und kamen zu folgenden Beschlüssen: General Wise
sollte sämmtliche Infanterie nehmen und suchen, so schnell
wie möglich in Besitz von Roanoke=Island zu gelangen, um

sofort unter Leitung des Oberingenieurs Bolton eine Umbauung der Festungswerke vorzunehmen. Die Cavalerie sollte sich an die Ufer des Albemarlesunds begeben und dort Cantonnirungen beziehen, während General Henningsen mit seinem ganzen Eifer für die Ausrüstung der Batterien Sorge tragen wollte. Als sich die Legion trennte, reichte General Wise Henningsen ernst die Hand und blickte ihn fest an. Dachte er an seine frühern Worte? Hatte er jetzt die Ueberzeugung, daß Davis und Benjamin ihn dem Verderben geweiht hatten? Hoch richtete sich dann der General im Sattel auf und erhob drohend mit einem Fluche gegen Richmond die Hand. „Auf baldiges Wiedersehen!" Im Felde trennten sich die Generale, welche wol nicht dachten, daß sie sich nur als Flücht= linge und ohne ihre Legion wiedersehen sollten.

Unsere Cavalerie rückte unter großen Schwierigkeiten durch die sumpfigen Gegenden, um am Albemarlesund ihre Can= tonnirungen zu beziehen. Unterdessen zog General Wise mit schwerem Herzen so eilig als möglich vorwärts, um durch keine Saumseligkeit seinerseits etwas zum Nachtheile seines Volkes beizutragen. Er übertrug das Commando dem Stabschef und eilte, nur begleitet von einigen Offizieren, voraus, um die nöthigen Anstalten zur Unterbringung seiner Truppen zu treffen und das Commando des Platzes sofort zu übernehmen. Obgleich aller Aerger und Verdruß ihm ein leichtes Fieber zugezogen hatten, beachtete er nicht die ihn zur Ruhe mahnen= den Worte seines Arztes, und verfolgte die ihm gewordenen Befehle mit einer Energie und Ausdauer, die eines bessern Erfolgs werth gewesen wären. Kaum war er nachts zu Elisabeth an= gelangt, so ließ er sich ohne weiteres in einem kleinen Kriegs= dampfer nach Roanoke=Island übersetzen, um sich dort von dem Commandirenden über den Zustand der Insel, ihre Aus= rüstung sowie Proviant und Munitionsvorräthe unterrichten zu lassen. Was er hier erfuhr, war mehr wie niederschlagend.

Seit sechs Monaten war man mit Arbeiten beschäftigt, aber geschehen war so gut wie gar nichts, und was geschehen war, hatte weder Zweck noch Nutzen. Kaum graute der Morgen, so saß der immer rege General auch schon zu Pferde, um mit dem Kapitän Bolton den Zustand des Island aus persönlicher Anschauung kennen zu lernen. Roanoke-Island ist unstreitig der Schlüssel zu dem nordwestlichen Theile des Staates Nordcarolina. Es öffnet den Sund Albemarle und Curnituk und ist vornehmlich wichtig, weil es Norfolk deckt. Dieser Hauptpunkt beschützt acht Wasserstraßen, vier Kanäle und zwei Eisenbahnstraßen, ferner vertheidigt er den reichsten Theil von Nordcarolina und verdiente mithin die größte Aufmerksamkeit des Kriegsministers. Diese Insel im Besitze eines erfahrenen Feindes, und der Heertheil des Generals Huger in Portsmouth war in größter Gefahr, von seinem Rückzug abgeschnitten zu werden, ja wir hätten an unsere eben erst im Entstehen begriffene Flotte selbst die Hand der Zerstörung legen müssen. Der Besitz von Roanoke-Island sichert dem Feinde alles, was er zu seinen Operationen nöthig hat und was ihn in den Stand setzt, uns stets zu gefährden. Trotz dieser augenfälligen Thatsachen verwandte die conföderirte Regierung fast gar keine Aufmerksamkeit auf diesen Punkt. Selbst General Huger, der am meisten zu fürchten hatte, wenn Roanoke-Island verloren ging, verhielt sich vollkommen passiv, und doch wußte jeder Soldat im Lager, daß die von Burnside ausgerüstete Flotte für Roanoke-Island bestimmt sei. Wise ging mit einem Eifer an die Arbeit, die Erstaunen erregen mußte. Wie der gewöhnlichste Soldat betheiligte er sich an allen Arbeiten und befeuerte dadurch seine Leute zu doppelter Thätigkeit. Er ließ eine Barrière von ungeheuern Palissaden von der östlichen Seite von Fuller-Shoals bis nach der Insel zu errichten und versperrte dadurch diese Wasserstraße, während er das Fort Bartow errichten ließ, um, vereint mit den Batterien der Insel, die Vertheidigung zu verstärken. Flinch versprach ihm, seine kleine Flotte vor der Insel aufzustellen und durch fleißige Recognoscirungen sich von den Unternehmungen der Feinde in Kenntniß zu setzen. Endlich brachten unsere Spione die Nachricht, daß General Burnside mit der feindlichen Flotte unter Segel gegangen sei und in wenigen Tagen im Pamliko=Sund eintreffen werde.

General Wise eilte jetzt noch einmal nach Richmond, um den letzten Versuch zu machen, den Kriegsminister Benjamin durch kräftige Worte von der Wichtigkeit von Roanoke=Island zu überzeugen; allein vergebens bat er um Verstärkung von jenen 30000 Mann, welche General Huger seit Monaten müßig in Portsmouth hatte; vergebens waren die kräftigsten, eindringlichsten Worte, sie scheiterten an dem einmal gefaßten Entschluß dieses Menschen. Mit schroffen, fast beleidigenden Worten wies er den General an, sofort auf seinen Posten zurückzukehren, für ihn habe man keine Truppen; seine Macht, in den Händen eines umsichtigen Führers, sei stark genug, einen dreifach stärkern Feind in Schranken zu halten. Das war zu viel für Wise, wüthend und außer sich vor Zorn schlug er die Thür des Cabinets zu, daß die Fenster klirrten. Zu stolz, um ein Wort der Klage gegen irgendjemand, seine wenigen Vertrauten ausgenommen, zu äußern, ging er nach der Insel zurück. Ohne Zweifel dachte er jetzt an das, was Henningsen prophezeit hatte, denn er sah nichts wie Unglück vor seinen Augen und tausend Verleumbungen, welche diesem folgten. Nach seiner Ankunft in Elisabeth City sank er, von alle diesen seinen Stolz und seine besten Gefühle so empörenden Auftritten gleichsam im Innersten verletzt, ohnmächtig vom Pferde. Kaum hatte er sich erholt, so gab er sofort Befehl, daß man ihn nach Naggs=Head, einer Landzunge Roanoke=Island gegenüber, transportiren solle, um in der Nähe seiner Truppen zu sein. Dort verfiel er in ein hitziges Fieber, und um das Unglück vollständig zu machen, brachten am nächsten Morgen die Beobachtungsdampfboote die Nachricht von der Annäherung der feindlichen Armada.

Der Flottencommandant sandte die Nachricht mit dem Versprechen, daß er versuchen würde, mit seiner kleinen Flotte den Feind zu beschäftigen und aufzuhalten. Die Vertheidigungs= werke befanden sich alle nur in halbvollendetem Zustande. Die Besatzung bestand aus dem 8. und 31. Regiment von Nordcarolina und einem Bataillon des 17. Regiments.

Bei der Kunde von dem Herannahen des feindlichen Geschwa= ders gab Wise sofort Befehl zur Herüberschaffung der beiden Regimenter Anderson und Richardson, und da er selbst zu krank war, das Commando zu übernehmen, so übertrug er dasselbe dem Oberst Shaw. Dann sandte er einen Adjutan= ten an Henningsen, welcher mit der Cavalerie und Artillerie zu Edentown lag, und ließ ihm die Ordre zugehen, sich sofort auf Roanoke=Island übersetzen zu lassen, um den Oberbefehl zu übernehmen. Bevor jedoch die Depesche diesen erreichte, war die Insel schon im Besitze der Feinde.

Am 7. Februar 1862 wurde die Unionsflotte unter Segel gemeldet, und all die kleinen Beobachtungsdampfboote flogen wie eine Heerde gescheuchter Vögel unter die schützenden Ka= nonen der Vertheidigungswerke, während unser Flotten= commandant seine Schiffe in der offen gelegenen Straße ver= sammelte, um die Passage nicht ohne Kampf dem Feinde zu überlassen. Sämmtliche Truppen und Batteriemannschaften wurden auf ihre Posten gewiesen, Kessel und Oefen zum Glühen der Kugeln hergerichtet, Munition an sämmtliche Truppen vertheilt; kurz, alles verrieth, daß der Kampf in wenig Augenblicken bevorstand. Das Wetter war trübe, feucht und nebelig, wie es gewöhnlich an diesen Küsten ist, und ver= lieh dem Ganzen einen melancholischen Anstrich. Endlich wurden unsere Truppen aus ihrer Spannung durch einen

Kanonenschuß gerissen; dies war das Signal der Annäherung des Feindes.

Kurz darauf kam auch das kleine Dampfboot, welches Commodore Flinch als Avisoposten ausgestellt hatte, in der größten Eile dahergeflogen, hinter ihm wie ein Falke ein feindliches Kanonenboot. Eine Achtundvierzigpfünderkugel, welche aus Fort Bartow abgefeuert wurde und über die Breite des feindlichen Bootes hinfuhr, zeigte dem Commandanten dieses Fahrzeuges sofort, daß hier die Grenze sei. Dasselbe beschrieb rasch einen Cirkel, stellte seine Breitseite nach dem Fort hin und gab demselben eine volle Ladung, die jedoch keinen Schaden anrichtete; dann dampfte es lustig in den Nebel zurück. Mit großer Eile wurde nun dazu geschritten, noch einige Kanonen in Fort Bartow aufzuführen, was jedoch der herannahenden Schiffe wegen nicht ausgeführt werden konnte. Gegen Mittag drängten sich die feindlichen Schiffe aus der Nebelmasse hervor; es sah prächtig aus, als diese bewimpelten und beflaggten Masten unter Dampf und Segeln heranschwammen. Die Avantgarde legte sich sofort vor Fort Bartow, welches sie mit ihren schweren Geschützen bearbeitete. Die Flotte segelte in zehn Divisionen vorüber, welche die Transportschiffe im Tau hatten; diese glitten fast theilnahmlos vorüber, während die Avantgarde unaufhörlich ihr verheerendes Feuer ausspie. Die Kanonen im Fort Bartow erwiderten das Feuer der feindlichen Schiffe mit Nachdruck. Da der Commandant nur auf wenige Geschütze angewiesen war, so verwandte er wie seine Offiziere viel Aufmerksamkeit auf richtiges und erfolgreiches Zielen. In kurzem waren ein paar Schiffe beschädigt und zogen sich deshalb aus der Schußweite zurück. Unterdessen hatte sich das Gros der Flotte, nachdem es die Insel passirt hatte, zwischen Roanoke-Island und dem Festlande ausgebreitet und griff ohne weiteres das hier aus sieben Schiffen bestehende Geschwader unter

Commodore Flinch an. Ein Schiff um das andere betheiligte sich am Gefecht, und in kurzer Zeit dröhnte ein fürchterlicher Kanonendonner über die Wasserfläche; man feuerte mit doppelter Geschwindigkeit, um den Ausgang des Treffens zu beschleunigen, die Folge davon war, daß schon sehr bald unsere Dampfer Curlew und Forest in den Grund geschossen wurden; Commodore Flinch begab sich auf die Flucht und überließ Roanoke-Island seinem Schicksal.

Der Feind, der unterdessen eine Stelle zum Landen gefunden, setzte einige Tausend Soldaten auf Roanoke-Island aus und begann sofort den Angriff auf die Werke; die bald hereinbrechende Nacht hinderte jedoch für heute seine Anstrengungen. Die Conföderirten verwandten die Nacht dazu, ihre Werke zu vervollständigen, um am nächsten Morgen den Kampf mit mehr Vortheil aufnehmen zu können. Major Shermerhorn ebenso wie die Batteriecommandanten Kinney und Selden leisteten Unglaubliches, allein trotz alledem war auf einen Erfolg nicht zu rechnen. Es konnten weder Nachrichten an Wise nach Naggs-Head, noch weniger an Henningsen zu Edentown gesandt werden, da man zu ersterm zu gelangen, 8 Stunden, zu letzterm, einen ganzen Tag bedurfte; die Besatzung war also auf sich selbst angewiesen.

Gleich beim Anbruch des Tages eröffneten die Unionstruppen ein starkes Feuer, welches wacker von Major Shermerhorn erwidert wurde. Oberst Shaw, jetzt Obercommandant der Insel, ließ nun seine Truppen sich als eine festgeschlossene Vorpostenkette entwickeln, während er den Rest als Reserve aufstellte, um die nothwendigen Unterstützungen mit Leichtigkeit abgeben zu können. Doch die Feinde frugen nicht viel nach unserm Festhalten, sie entwickelten durch ihre überlegenen Streitkräfte solche Flankenmanöver, daß unsere beiden Flügel in die größte Gefahr geriethen. Oberst Shaw gab hierauf Befehl, die Kanonen zu vernageln, und retirirte mit seinen

sämmtlichen Truppen gegen das nördliche Ende der Insel, wo
die Lager der Truppen waren. Kaum sahen die feindlichen
Schiffe die Erfolge ihrer Landtruppen, als sie ein mörderi=
sches Feuer gegen Fort Bartow eröffneten und daffelbe nach
zweistündigem Bombardement in eine vollständige Ruine ver=
wandelten. Die Besatzung zog sich darauf eilig in das Innere
der Insel zurück, das Fort dem Feinde preisgebend. Unsere
sämmtlichen Werke auf der Insel mußten wegen ihrer un=
zweckmäßigen Bauart dem Feinde überlassen werden. Mit
wildem Jubel setzte sich dieser in dem verlassenen Fort fest
und verfolgte mit großer Hast die weichenden Truppen. Oberst
Shaw erreichte ohne bedeutenden Verlust die Lager und hatte
noch Hoffnung, sämmtliche Truppen zu retten, wenn Trans=
portmittel angekommen wären. Nichts von alledem; einige
Compagnien kamen übrigens im Augenblick noch an, allein
natürlich nur, um das Los ihrer Brüder zu theilen. Oberst
Shaw hätte überdies mit seinen 3000 Mann noch immer eine
erfolgreiche Vertheidigung unternehmen können, wenigstens so
lange, bis Verstärkungen angekommen wären; allein er hatte
gleich beim Beginn des Kampfes den Kopf verloren und war
keiner ruhigen Ueberlegung mehr fähig. Gern hatte er im
Beginn des Krieges die Uniform angezogen, sich mit einem
Titel schmücken lassen; allein daß es ernstlich zum Fechten und
Schießen kommen sollte, daran hatte er nicht gedacht. Gern
hatte er die Vertheidigungslinie aufgegeben, um nur so schnell
als möglich von dem isolirten Posten fortzukommen. Die
Nachrichten im Lager über das Fehlen jeglicher Transport=
mittel waren wenig erfreulich für ihn; auch nicht einmal ein
kleines Boot war da für ihn allein. Die eben angekommenen
Compagnien wurden sofort von Major Green in einer starken
Plänklerkette vorgeschoben und den bereits jubelnden Feinden
dadurch Halt geboten. Oberst Anderson bat Shaw dringend,
ihm das Commando abzutreten, er wolle versuchen, die ge=

landeten feindlichen Truppen in das Wasser zu treiben, sich der Forts von neuem zu bemächtigen, um wenigstens die Ver=stärkungen, die Henningsen bringen würde, abzuwarten. Doch Oberst Shaw wollte weder seinen ganzen Obersttitel vertauschen, noch überhaupt von einem so tollkühnen Unternehmen etwas wissen, er wollte mit aller Gewalt capituliren. Sämmtliche anwesende Offiziere der Wiselegion baten und beschworen ihn, doch nicht einen Schritt zu thun, den er später bereuen müsse. Jetzt wurde das Feuer heftiger und die Meldung lief ein, daß Kapitän Wise, der Sohn des Generals, gefallen sei und man die Leiche dem siegenden Feinde überlassen müsse. Da war alles, was Shaw noch von Fassung besaß, hin, und ein Schnupf=tuch aus der Tasche ziehend, ersuchte er seinen Adjutanten, als Parlamentär abzugehen und Unterhandlungen wegen einer Capitulation um jeden Preis einzuleiten. Gnade oder Un=gnade, das war ihm einerlei, nur das fürchterliche Schießen sollte der Feind doch sofort einstellen.

Der Adjutant, ein großer Verehrer seines Obersten, flog, sein weißes Taschentuch schwingend, hinaus aus dem Lager; nach wenigen Minuten heulten hundert Stimmen: Surrender, Surrender. Gleich darauf erschien ein Unionsoffizier, um sich mit Oberst Shaw über die Entwaffnung der Truppen zu be=sprechen. Schon von weitem hielt dieser dem feindlichen Offizier seinen Säbel entgegen, als fürchte er sich, solange dieses Ungethüm noch an seiner Seite wäre. Der Offizier, mit galanter Rücksicht auf seinen Rang, protestirte dagegen; doch Shaw's Miene wurde erst dann ruhig, als er sich seiner Waffe entledigt wußte. Einige Stabsoffiziere der feindlichen Armee erschienen in unserm Lager und nach wenigen Minuten hatte Oberst Shaw eine Capitulation unterzeichnet, mittels wel=cher er seine gesammten Offiziere und Truppen dem Feinde auf Gnade und Ungnade überlieferte: 3000 Mann über=gaben sich am 8. Febr. 1862, ohne ihre militärische Ehre ge=

rettet zu haben. Eine Ausnahme verdienen jedoch Oberst
Anderson, Green, sowie Major Shermerhorn und Lawson,
welche die Capitulation verwarfen und durchaus erst das
Glück der Waffen versuchen wollten. Kapitän Wise fiel auf
Vorpostencommando, von mehreren Kugeln durchbohrt, und
endete sein tapferes, braves Leben in der Mitte seiner Feinde,
welche jedoch mit ritterlichem Charakter seine letzte Stunde
durch liebenswürdiges Benehmen zu versüßen suchten. Kapitän Wise war mit Lust und Liebe Soldat; brav und tapfer,
fand er den Tod des Kriegers an der Spitze seiner Compagnie, in deren Andenken er als einer der besten, edelsten
Offiziere fortleben wird.

Wenige Offiziere retteten sich nach dem Ende der Insel
und hatten das Glück, in einem Kahne die Ueberfahrt
nach Noggs-Head auszuführen, um General Wise die feige,
schmähliche Uebergabe von Roanoke-Island und den Tod
seines Sohnes zu melden.

General Wise lag zum Tode krank danieder; als er aber
jene Schreckenskunde erhielt, daß der größte Theil seiner Legion
gefangen sei, gefangen durch die Feigheit des Commandanten,
den er mit dem Oberbefehl betraut hatte, daß sein Sohn gefallen sei auf dem Felde der Ehre, da erhob er sich wie der
tödlich verwundete Königsadler zum letzten Flug. Sein Auge
sprühte Blitze, seine Gestalt wurde höher, und die geballte
Faust gegen Richmond erhebend, rief er drohend aus: „Das
war euer Werk, sei es darum eure Schande! Diese Insel
sollte mein Tod sein; für mich trat ein braver, tapferer Sohn
in die Schranken und für mich starb er auch." Alle Um-
stehenden waren von diesem wilden Ausbruch des Kummers
und der Leidenschaften, welche seine Brust erfüllen mußten, tief
gerührt. Keine Thräne entströmte jedoch dem Auge des alten
Helden, der in dieser Stunde seinen Stolz in seiner Armee, seine
Hoffnung in seinem Sohne verloren hatte. Stöhnend sank

er auf sein hartes Lager zurück, während seine Brust keuchte wie ein Vulkan. Niemand wagte es, die Stille auch nur durch ein Wort zu unterbrechen. Da stürzte ein Soldat mit der Nachricht herein, daß die Feinde Anstalten machten, auf Noggs-Head überzusetzen. Jetzt galt es keine Minute zu verlieren, um den General zu retten. Die Pferde wurden vorgeführt, der General auf eins gesetzt, und im Fluge sprengte die kleine Cavalcade über die schmale Landzunge, gleich einer vom Wolfe verfolgten Heerde. Kein Wort wurde gewechselt, nur das wilde Brausen und Wüthen der Meereswogen, welche sich am Ufer brachen, war vernehmbar und nicht geeignet, unsere Stimmung zu erheitern. So ging es 30 Meilen vorwärts, wobei der General fortwährend von zwei Offizieren unterstützt wurde. Gegen Abend erreichten wir die Hütte eines Fischers, der uns ans jenseitige Ufer setzte, von wo aus wir uns nach Elisabeth's City begaben. Mit Depeschen flog ich nach Richmond, um den traurigen Fall von Roanoke-Island zu melden.

9.

Der alte Wise.

Gerüchte und Aufregung in Richmond. Nachrichten über den Fall von Roanoke-Island. Die Leiche des Kapitäns Wise. Der gebeugte Held. Der alte General Wise verklagt den Kriegsminister Benjamin und den General Huger beim Congreß. Seine Anklage. Urtheil. Bestürzung. Zwiespalt zwischen dem Volk und der Regierung. Mangel an Vertrauen. Rückkehr der Gefangenen. Jubel in Richmond. Ritterliches Benehmen der Feinde.

In Richmond herrschte wilde Aufregung und Verzweiflung und Gerüchte der seltsamsten Art waren in Umlauf. Daß die Insel genommen war, wußte jeder, aber in Bezug auf die Vertheidigung herrschte die größte Meinungsverschiedenheit, die durch die Journale nur noch vermehrt wurde. Eine große Schlacht hatte stattgefunden, die unsere kleine Flotte unter Commodore Flinch einleitete. Nachdem besagter Commodore dem Feinde eine Seeschlacht geliefert und die Hälfte seiner Schiffe in den Grund gebohrt, habe er schließlich der Uebermacht weichen müssen, seine Schiffe dem Verderben preisgegeben und sammt der tapfern Mannschaft den Heldentod in den Fluten gefunden. Die Feinde, durch diesen beispiellosen Widerstand zur Rache entflammt, hätten sich auf Roanoke-Island geworfen und durch ihre Ueberlegenheit unter unsern Truppen eine schreckliche Niederlage angerichtet. Mehrere Compagnien seien förmlich in Stücke zerhackt worden. — Je

toller die Berichte, desto lieber wurden sie von der Bevölke=
rung geglaubt, und da nun der größte Theil der Legion Wise
aus Richmond selbst war, so kann man die Aufregung be=
greifen. Trotz meines Berichtes, daß Oberst Shaw gleich
beim Beginn des Gefechtes, um Blutvergießen zu ersparen,
capitulirt habe und daß unser Verlust sich nur auf 8 Todte und
31 Verwundete belaufe, wollte niemand daran glauben. Jeder
fand es viel anständiger, Compagnien in Stücke zerhackt zu
wissen, sodaß nicht ein Soldat übrig sei, der das Ende der
Legion melden konnte. Alle waren gestorben wie Spartaner
und ganz Richmond legte Trauer an. Mir kam es vor, als
ob die ganze Stadt ein Narrenhaus sei.

Jefferson Davis jedoch und der Kriegsminister Benjamin
steckten eifrig die Köpfe zusammen und hatten tagtäglich lange
Unterredungen, deren Gegenstand ohne Zweifel General Wise
und seine Legion war. Letztere war nun zwar glücklich im
Lager des Feindes untergebracht, der Kopf des Körpers
jedoch, den man sicher todt wähnte, lebte noch durch einen
glücklichen Zufall und alle ihre feingesponnenen Plane zu seinem
Untergange waren auf diese Weise vereitelt.

Unterdessen langten Stunde um Stunde Versprengte der
Armee in der Hauptstadt an und meldeten die abenteuerlichsten
Sachen; ja selbst höher gestellte Offiziere sprachen über den
Heldenmuth und die tapfere Vertheidigung von Roanoke=Is=
land mit einer solchen Sicherheit, daß ich fast zu glauben be=
gann, ich selbst habe mich auf einem andern Roanoke=Island
befunden. In allen Wirren erhielt ich die Weisung, nach Ports=
mouth zu General Wise zu kommen; persönlich beehrte er
mich dann mit dem Auftrage, der Leiche seines Sohnes mit
einem Commando Soldaten entgegenzugehen. General Burn=
side überließ bereitwillig die sterblichen Reste des braven Sol=
daten dem gebeugten Vater. An einem Einschnitt in der Bai
wurde uns auf einem kleinen Kriegsdampfer der Union der

Sarg überbracht. Die Begleitungsmannschaft sowie der com=
mandirende Offizier waren prächtige Leute; sie theilten uns
noch die Details der letzten Stunde des Verschiedenen mit,
im Beisein einiger frühern Freunde war er ruhig und sanft
verschieden. Der Offizier bestieg mit seiner Mannschaft wie=
der sein Boot, welches mit gleichförmigen Schlägen über die
graue Bai glitt, während ich traurig und verstimmt meinen
Rückzug mit der Leiche antrat. Als wir Portsmouth erreich=
ten, läuteten die Glocken, während viele Freunde des Ge=
fallenen uns entgegenkamen. In der Kirche wurde Halt ge=
macht und auf die Ankunft des Generals geharrt. Bald
wankte auch die gebrochene Gestalt herein, sich stützend auf
seinen Sohn Rev. Wise und seinen Schwiegersohn Dr. Lyons.
Mit unsicherm Gange näherte er sich dem Sarge seines bra=
ven Sohnes und als ein Blick seines Auges befahl, den
Deckel zu heben, und er die todte, leblose Hülle seines Lieb=
lings vor sich liegen sah, um dessen Züge sich ein milder
Ernst gelagert, als seine beiden Söhne bei dem Anblick ihres
Bruders den Ausbruch des tiefsten Schmerzes nicht mehr
zurückzuhalten vermochten, da trat er fest zu Häupten des
Sarges hin und die Hand des Todten ergreifend, rief er
verzweifelt: „Du starbst für mich, du fielst für deinen
Vater!“ Zwei große Thränen, die ihm wider Willen ent=
flossen, zeigten seinen tiefen Schmerz. „Er fiel für mich,
für mich“, murmelte er und sank ohne Bewußtsein neben der
Leiche nieder. Nie hätte ich diesen Mann eines so tiefen
Gefühls fähig gehalten. Ich war Zeuge, als er vor mehre=
ren Jahren in seiner Eigenschaft als Gouverneur des Staates
von Virginien mit kräftigem Zuge das Todesurtheil von John
Braun und Cocke unterzeichnete; ich war Zeuge, als Cocke's
Schwager, der frühere Gouverneur von Indiana, nach Rich=
mond eilte, um Gnade für seinen verirrten Schwager vom
Gouverneur zu erflehen; ich war Zeuge, als jener unglückliche

Mann weinend vor ihm stand und um das Leben seines
Schwagers bat, die eigenen Töchter ihn mit Thränen um
Gnade baten. Damals stand er auf, bot mir eine Cigarre,
„Rauchen Sie, Oberst; es sind gute Havaña"; dann, seine
Cigarre anzündend, drehte er sich um und rief: „Er stirbt
nach den Gesetzen des Landes Virginia und dabei bleibt's."
Wer wie ich diesen Vorfall mit erlebt hatte, mußte sich wol
wundern, diesen Mann, der für jedes weichere Gefühl abge-
storben schien, weinen zu sehen. Lebhaft erinnerte ich mich
in diesem Augenblicke der Scene in Richmond und konnte mich
eines innern Schauders nicht erwehren. Alle diese ergreifenden Ereignisse hatten gewaltig auf diese unerschütterliche Seele
gewirkt. Von seinem Präsidenten und dem Kriegsminister
aus politischen Gründen dem Verderben preisgegeben, seiner
Legion beraubt, wurde er vom Sarge seines Lieblings gebrochen und dem Tode näher als dem Leben nach Richmond
gebracht.

Die Roanoke-Island-Affaire, diese so schmuzige Geschichte,
erregte eine schreckliche Aufregung im ganzen Süden. Das
Volk that jetzt einen tiefen Blick in die innern Angelegenheiten
der mit der Regierung betrauten Personen, eine allgemeine
Entrüstung über dieselben bemächtigte sich aller Gemüther und
ohne etwas Klares und Bestimmtes zu wissen, wurden Jeff.
Davis und Benjamin der Verdammung preisgegeben. Zwei
Tage nacheinander wurde vor die Thür des Hauses, welches
Davis bewohnte, ein schwarzer Sarg gestellt, auf dem Deckel
lag ein starker Strick mit der Aufschrift: „Deine Zukunft." Trotz
der größten Mühe der geheimen Polizei gelang es nicht,
den Thäter ausfindig zu machen. Eine Anzahl Senatoren
im Congreß beschlossen, Roanoke-Island einer Untersuchung
zu unterwerfen, die sie den Truppen der Armee schuldig zu
sein glaubten.

Während dieser Zeit war General Wise in eine so schwere

Krankheit verfallen, daß man tagtäglich die Nachricht seines Todes erwartete. Allein sein eiserner Wille und seine Constitution besiegten die Krankheit und nach kurzer Zeit hatte er so viel Kräfte gewonnen, um das Benehmen des Präsidenten den Bürgern des ganzen Südens in ein klares Licht zu stellen und die ganze Affaire zur Aburtheilung vor das Forum der Oeffentlichkeit zu bringen. Er versammelte seinen Stab und ließ von seinem Krankenlager aus eine Anklage gegen den Kriegsminister Benjamin und den General Huger abgehen. Sie war, obgleich ruhig, doch so voll von niederschmetternden Beweisen, daß selbst das dreiste Haupt Benjamin's sich beugen mußte. Am 3. März sandte Wise seine Anklage an den Congreß und erklärte darin Folgendes: Er habe das Commando von Roanoke-Island übernommen; als er jedoch nach einer Inspection der Insel deren vertheidigungslosen Zustand kennen gelernt, habe er an den Kriegsminister einen ausführlichen Rapport darüber abgeschickt, auch nicht versäumt, ihm die daraus entstehenden Folgen mitzutheilen, indem die Insel den Schlüssel zu der ganzen Küste bilde. Kurz nachher habe er von neuem eine feindliche Flotte von 24 Schiffen, welche binnen 12 Stunden sämmtliche Batterien nehmen könne, gemeldet, und daß die Besatzung hierzu in keinem Verhältniß stehe. Der Kriegsminister habe ihm aber auf alle Berichte nicht einmal geantwortet. Darauf habe er sich entschlossen, selbst nach Richmond zu gehen, um in persönlicher Unterredung mit dem Kriegsminister diesem seine Lage zu erklären. Klar und deutlich habe er ihm die Beweise vorgelegt, welche es ihm zur Pflicht machten, Roanoke-Island durch große Verstärkungen zu sichern, sowie Vorkehrungen für Munition und Proviant zu treffen und dieselben so eilig als möglich dahin abzusenden, da nur sehr wenig vorräthig war. Benjamin habe entgegnet, daß er alle Verstärkungen an Beauregard senden müsse, worauf General Wise

ihn ersucht habe, ihm dieselbe von General Huger, dem Com=
mandirenden von Portsmouth und Norfolk, welcher 30000
Mann seit 8 Monaten im Lager müßig liegen habe, zuzu=
commandiren, da derselbe mehr als die Hälfte seiner Truppen
für die Vertheidigung von Roanoke=Island abgeben könne,
besonders da diese Truppen Proviant und Fourrage in Ueber=
fluß hätten. Auf seine Vorstellungen sei ihm vom Adjutanten
des Kriegsministers folgende Antwort gebracht worden:

Kriegssecretariat, 22. Jan. 1862.

General Wise begibt sich sofort ohne Aufenthalt
auf seinen Posten Roanoke=Island.

Judah P. Benjamin,
Kriegssecretär.

Ohne Widerrede sei er abgereist, obschon er recht gut gewußt
habe, daß er geopfert werden sollte, und leider wäre diese
Absicht von der Regierung nur zu vollständig erreicht worden.
Mit großem Interesse nahm sich der Congreß dieser Sache
an, welche sofort einem Untersuchungscomité überwiesen wurde.
Das Resultat war folgendes:

„Der Kriegsminister ist für das Unglück, das unsere Waffen
„auf Roanoke=Island getroffen, verantwortlich, da er dasselbe
„hätte vermeiden können, wenn er den Vorstellungen der bei=
„den Generale Wise und Henningsen Aufmerksamkeit geschenkt
„hätte. Wenn ferner jemand in dieser Sache Vorwürfe
„wegen unerfüllter Pflichten, die ein wichtiges Amt ihnen auf=
„läge, treffen müßten, so sind diese Personen der Kriegs=
„minister Benjamin und General Huger zu Portsmouth.“

Das Comité stellte dann den Antrag, das Haus möge die
beiden Herren ihrer Aemter entsetzen, sowie den Generalen
Wise und Henningsen für die dem Staate geleisteten Dienste
den Dank des Congresses überbringen.

Das Volk blickte sich bestürzt über diesen Ausgang an und am wenigsten hatten Jefferson Davis und seine Creatur Benjamin denselben erwartet; das Vertrauen des Volkes zu der Regierung war erschüttert und ward es noch mehr, als Benjamin kurz nachher als Staatssecretär in das Bureau des Präsidenten aufgenommen wurde. Das hieß denn doch dem Urtheil des Volkes Hohn sprechen, und von Vertrauen zu einer Regierung, die sich solche schmähliche Ungerechtigkeiten erlaubte, konnte natürlich keine Rede mehr sein; von allen Seiten ward, namentlich infolge dieses Vorfalls, die schleunige Beendigung des unheilvollen Krieges gewünscht. Aus dieser Zeit datirt der Zwiespalt zwischen Regierung und Volk, der fort und fort wachsen wird, bis die Regierung zertrümmert daliegen und aus ihrer Asche glänzender als je die alte rechtmäßige Regierung emporsteigen und, ihr Banner in den milden Lüften des Südens aufs neue entfaltend, ihren Söhnen Schutz und Gerechtigkeit, die sie lange entbehren mußten, wieder gewähren wird.

Vierzehn Tage nach der Capitulation von Roanoke-Island schenkte General Burnside sämmtlichen gefangenen Truppen nach Ablegung des Eides, nicht eher gegen die der Union fechten zu wollen, bis sie regelmäßig nach den stipulirten Punkten ausgewechselt seien, die Freiheit. Es war ein großartiges Ereigniß für Richmond, seine Lieblinge mit wenigen Ausnahmen wieder bei sich zu sehen und der Jubel wurde immer größer, als die zerhackten Compagnien, um die schon so viele Thränen vergossen worden waren, gesund und unversehrt einzogen. Manche sahen sogar besser aus als vorher, sodaß es schien, als hätten sie sich an dem Ueberfluß des Feindes recht gütlich gethan. Ihre Schilderungen waren voll des Lobes über das ritterliche Betragen desselben, und namentlich konnten sie nicht genug die

Liebenswürdigkeit Burnside's und der Offiziere rühmen. Viele unserer Tapfern hatten sogar ihr werthloses conföderirtes Papiergeld gegen Gold und Silber umgetauscht und pflegten diesen Umstand ihren Berichten über das Betragen der Feinde mit besonderm Wohlbehagen hinzuzufügen.

10.

Die Schlacht bei Neubern.

Eine Inspicirung der Küsten von Nordcarolina. General Martin. Der
Commandant Branch. Einige Fortscommandanten. Schießübungen.
Ein Diner mit tapfern Reden. Unterhaltung mit General Martin. Ein
Wiedersehen. Ausbauer eines jungen Secessionisten. General Burnside
greift Neubern an. Heldenmüthige Ausreißer. Die Cavalerie. Zer-
störung der Eisenbahnbrücke. Verwirrung in Neubern. Rückzug auf
Raleigh. General Gattlin. Entlassung von Branch und Gattlin. An-
berson wird Commandant. Neubern ist verloren.

Kaum waren die getreuen Söhne unserer Legion in Rich=
mond versammelt, als ich den Auftrag erhielt, mich nach Ra=
leigh, dem Sitze der Regierung von Nordcarolina, zu begeben
und mit Gouverneur Clark in Betreff seiner Küstenbefestigungen
Rücksprache zu nehmen, denn der neue Kriegsminister Randolf
hatte die Ueberzeugung, daß Burnside nach dem leichten Er=
folge auf Roanoke=Island nicht säumen werde, auch Beau=
fort und Neubern anzugreifen und sich auf diese Weise in den
Besitz sämmtlicher Küstenpunkte von Nordcarolina zu setzen.
Ich fand in Gouverneur Clark einen biebern, offenen Charakter,
der, nachdem er sich von allen Einzelheiten der Roanoke=Island=
affaire hatte Bericht erstatten lassen, sogleich nach dem General=
abjutanten und Commandirenden sämmtlicher Staatstruppen
von Nordcarolina, General Martin, schickte. Kurz nachher
erschien dieser, eine echte Soldatenfigur mit einem Arm, dem

7 *

linken — er verlor den rechten im mexicanischen Kriege in der
Schlacht bei Matamoros —, und ertheilte mir mit der größten
Zuvorkommenheit und Liebenswürdigkeit jede gewünschte Aus-
kunft. Er sowol wie der Gouverneur ersuchten mich dringend, die
Angelegenheit einer gründlichen Inspection zu unterwerfen; überdies versprach der Gouverneur mir seinen ganzen Schutz und
seine Unterstützung, sodaß ich sehr zufrieden von demselben Abschied nahm. General Martin und ich verfügten uns nach dem
Hauptquartiere des alten Herrn, um noch manches mündlich
zu besprechen. Hier machte ich die interessante Bekanntschaft
seines Adjutanten, eines Schotten, der erst seit wenigen
Monaten im Lande war und als Bureauchef des Generals
Martin fungirte. Bald dampften die Cigarren und die Unterhaltung bewegte sich mit einer Leichtigkeit, wie sie gedienten
Soldaten eigen ist. Wir besprachen mit unverhohlener Offen-
heit die Zustände unsers Landes und ich wünschte dem alten
General von Herzen, es möge ihm vergönnt sein, sein geliebtes
Land noch in blühendem Frieden wiederzusehen. Leider wurde
der Wunsch nicht erfüllt; er fiel vor Baton Rouge. Nachdem
wir die meisten Befestigungen, auf die ein Augenmerk gerichtet
werden sollte und welche er mir näher detailirt hatte, inspicirt hatten, ersuchte er mich, die beiden wichtigsten Punkte und
die dort commandirenden Offiziere kennen zu lernen und ihm
sodann über alles Bericht zu erstatten. Den Abend benutzte
ich noch, um nach Goldsborough zu fahren, ein Platz von der
äußersten Wichtigkeit, da er den Centralpunkt für vier Eisenbahnen bildet. Hier fand ich als Commandanten den General
Gattlin, dem Aeußern nach eine imposante Figur, in seinem
Benehmen steif und unbeholfen. Von den Feinden sprach er
mit empörender Geringschätzung; ja seinen Reden nach sollte
man glauben, daß er die Vernichtung der Burnside'schen Expedition allein zu übernehmen geneigt sei. Er hatte eine Masse
Truppen in der Nähe versammelt; allein die Verfassung, in

der sie waren, ließ manches zu wünschen übrig; besonders
mußte man dies von der militärischen Ausbildung seiner meisten
Offiziere sagen.

Von hier ging es nach Neubern; am Bahnhofe fand ich
die beiden Commandanten der dort cantonnirenden Cavalerieregimenter, welche mich bereitwillig nach meinem Absteige-
quartier geleiteten. Hier verweilte ich nicht lange, um dem
commandirenden General Branch meine Aufwartung zu machen.
Eine trockene, philisterhafte, eingebildete Gestalt empfing mich,
welche in ihre Uniform wie ein Hering ins Papier gewickelt
war. Ein ungeheurer Säbel war sein steter Begleiter, ob er
zu Tische ging oder ins Lager, alles gleich, der Säbel rasselte
an seiner Seite; ich glaube fast, er nahm ihn mit zu Bette.
Hörte man in den weiten Corridors des großen Hotels ein
mächtiges Gerassel, so konnte man sicher sein, daß General
Branch im Anzuge war. Eine wahre Affenliebe hatte er für
seine Persönlichkeit. Dutzendweise prangten seine Photographien
in goldnen Rahmen in seinem Zimmer bunt durcheinander.
In allen nur erdenklichen Stellungen und Lagen war seine
edle Persönlichkeit aufgenommen. Bald lehnte er sich an eine
Kanone, bald stützte er sich auf seinen Säbel, bald saß er
nachdenkend über eine Feldkarte gebückt, bald hielt er mit gespannter Aufmerksamkeit das Fernrohr; kurz, er wußte jeden
Tag etwas Neues und Interessantes an sich zu entdecken, und
nur Eins fand er unerträglich: daß die Unionsoffiziere den
Vortheil hatten, eine illustrirte Zeitung zu besitzen, während
wir in unserm Paradiese noch nicht zu einem solchen Kunst-
institut gelangt waren. Aufs grausamste quälte er mich jedoch,
als er mir sein militärisches Genie entfalten wollte. Auf einem
mit Staub überzogenen Tische zeichnete er die Vertheidigung
von Roanoke-Island sowie seine Befestigungen und Angriffe.
Sehen Sie, lieber Oberst, hier hätte ich eine Batterie errichtet
und dieselbe mit 20 Stück gezogenen Vierundzwanzigpfündern

beſetzt; hier auf dieſem Punkt hätte ich eine maskirte Batterie
mit 20 weitern gezogenen Kanonen errichtet, etwas zur rechten
Seite eine andere Batterie und dann meine Beſatzung auf
Einen Punkt concentrirt. Jetzt laſſe ich den Feind angreifen,
ich laſſe ihn niederſchmettern; er macht jetzt Front gegen meine
Batterie, doch da eröffne ich das Feuer der maskirten Batterie,
benutze die dadurch entſtehende ſchreckliche Verwirrung, bringe
mit meinen Leuten hinaus, und was nicht über die Klinge
ſpringt, wird ins Waſſer geworfen. Damit hatte er den
General Burnſide und ſeine Truppen augenblicklich vernichtet,
dann ſetzte er ſich zu Tiſch und ſpielte zur Erholung einen
Robber Whiſt. — Ich muß geſtehen, ich wußte nicht recht, war
ich verrückt, oder war er's. Ich ſaß ſteif und ſtumm wie
einer, der den Gebrauch ſeiner Sinne verloren hat, und be=
wunderte nur immer dieſes zum Glück der Menſchheit nicht
mehr verborgene Genie. Etwas verblüfft, wünſchte ich ihm
bald nachher gute Nacht ·und lief mehr, als ich ging, um
der Nähe dieſes Menſchen zu entrinnen. Ueber das Ge=
hörte konnte ich gar nicht hinwegkommen. Alſo das iſt der
commandirende General jenes Poſtens, der vielleicht ſchon in
einigen Tagen die Proben ſeiner Bravour und Tapferkeit ab=
legen muß, dachte ich bei mir, und beſchloß am nächſten Tage
die zum Schutze Neuberns beſtimmten Forts kennen zu lernen.
In Begleitung des Generals Branch und ſeines Adjutanten
Oberſt Spruil vom zweiten Cavalerieregiment ging es in
raſchem Trabe über die Eiſenbahnbrücke, ein ſehr intereſſantes
Bauwerk, dann den Reußfluß hinunter, um die Werke zu ſehen
und den Exercitien der Feſtungsartillerie beizuwohnen. Das
äußerſte Fort, Thompſon, war nach der Meinung des Generals
am beſten und vollkommenſten befeſtigt, nach meiner Meinung
ohne Sinn und Verſtand aufgeführt und mit 15 Vierundſechzig=
pfündern, wovon zwei gezogene waren, bepflanzt. Der com=
mandirende Offizier, eine Creatur ſeines Generals, hatte nicht

die geringste Ahnung seiner Aufgabe, sondern nur die feste
Hoffnung, daß der General nicht lange zögern˙ werde, sein
Quartier in Neubern aufzuschlagen, sobald die feindliche Flotte
nur heranrücke. Die Arbeiten wurden hier betrieben, als habe
man gar keine Gefahr zu befürchten. Der Commandirende
dieses Forts war zu Pferde und in voller Paradeuniform,
statt Schaufel und Spaten selbst mit anzugreifen. Eine Viertel=
stunde von hier war Fort Lane mit acht Achtundsechzigpfündern
besetzt. Der Commandant dieses Platzes lag am Lagerfeuer,
sein Pfeifchen schmauchend und kümmerte sich den Teufel um sei=
nen General, seine Suite, sowie um Burnside und seine Flotte.
Die Ruhe und Kaltblütigkeit dieses Mannes grenzte wirklich
ans Unglaubliche und dennoch combinirte der gute Mann sehr
gut: schießen meine Kameraden, schieß' ich auch; laufen sie
fort, so habe ich immerhin noch näher zur Brücke, folglich
rauche ich meine Pfeife und warte es ruhig ab. Von hier
verfügten wir uns wieder nach Fort Thompson, wo der Com=
mandant mit der Besatzung Schießübungen vornahm; ich ge=
rieth in Erstaunen über die außerordentliche Fertigkeit und
Sicherheit, mit der die Leute „nicht" zu treffen verstanden.
Ja, dachte ich bei mir, wenn Burnside die geringste Kenntniß
von diesen Künstlern hätte, er segelte noch heute nach Neubern
und nähme dort sein Diner, ohne einen Mann verloren zu
haben. Endlich von allem Herumgehen müde und matt, machte
mein Magen seine Rechte geltend und ich ersuchte General
Branch, nach dem Cavalerielager zu reiten, wo uns der Com=
mandant zum Diner eingeladen hatte. Abgemattet warf ich
mich auf ein Lager, um meine Kräfte wiederzugewinnen.
Endlich tönte das himmlische Wort: Diner. General Branch˙
eröffnete den Reigen, indem er die Frau des Commandanten
zu Tische führte, dann folgten die geladenen Offiziere. So=
lange das Essen währte, welches, nebenbei bemerkt, sehr gut
war, ging alles prächtig; kaum erschienen jedoch die Cham=

pagnerflaſchen, als auch jeder ſich bereit hielt, eine Rede vom
Stapel zu laſſen. Alle Amerikaner lieben es bei ſolchen Ge-
legenheiten, in dieſer Beziehung ihr Talent zu zeigen. Nach
einer halbſtündigen Rede brachte General Branch einen Toaſt
auf die Conföderation aus, worauf der Commandant des zweiten Cavalerieregiments ſich beeilte, ebenfalls eine Rede zu
halten und einen Toaſt auszubringen. Wenn das alles wahr
wäre, was er von ſich und ſeinem Heere erzählte, wenn die
Heldenthaten, von denen er ſprach, wirklich geſchähen, die Helden der Alten Welt, Römer und Spartaner fänden, hier ihre
Meiſter, denn nach dieſer Rede bleibt von ſeinem ganzen Regiment, wenn es zum Fechten kömmt, auch nicht ein Haarzopf
übrig. Daß dieſe Rede mit unendlichem Jubel aufgenommen
wurde, in den das ganze Regiment, welches ſich allmählich um
uns eingefunden hatte, mit einſtimmte, läßt ſich denken. Oberſt
Spruil konnte nicht genug Complimente abſtatten und Branch
ärgerte ſich nicht wenig, daß dieſer ihm in der Rede den Rang
abgelaufen habe. Meine Herren, ſprach er jetzt mit ſtarker
Stimme, laßt uns aus Neubern ein zweites Sebaſtopol machen,
an deſſen Wällen der Feind ſeinen Schädel zerſchmettern ſoll.
Hurrah! tönte es von allen Seiten. Neubern ſoll ein zweites
Sebaſtopol werden! Jedoch mit dem Unterſchiede, nahm wieder General Branch das Wort, daß ich mit meinen 10000
tapfern Soldaten Sebaſtopol gegen alle Engländer und Fran-
zoſen der Welt gehalten hätte. Der Tumult wurde von
Minute zu Minute größer, da erhob Spruil ſich wieder und
rief: Stellt mich mit 10000 meiner braven Soldaten vor
Sebaſtopol und in 14 Tagen laſſe ich keinen Stein auf dem
andern. Der Lärm wurde noch ärger und General Branch
raſſelte ſchrecklich mit dem Säbel, als ihm der Oberſt auch
dieſen Effect wieder ſtreitig machte. Da wandte er ſich an
mich mit dem Erſuchen, auch eine Rede zu halten. „Meine
Herren Kameraden“, ſagte ich, „was würden Sie beginnen,

wie sollte die Belagerung von Sebastopol endigen, wenn General Branch mit 10000 seiner braven Truppen Sebastopol vertheidigte und Oberst Spruil mit 10000 seiner wackern Streiter es angriff? Welches würde das Resultat sein?" Verblüfft blickte einer den andern an. Ich setzte mich ruhig nieder und war neugierig, wie die Herren ihr eigenes Räthsel lösen würden. Unter heftigem Wortwechsel wurde ein anderes Thema aufgebracht; ich merkte aber so viel, daß ich ihre Gunst verscherzt hatte.

Endlich brach der General auf und unsere kleine Suite eilte wieder nach Neubern. Den nächsten Tag begab ich mich ins Lager der Cavalerie, um die beiden hier lagernden Regimenter zu sehen. Die Truppen waren kräftige Gestalten, noch etwas ungelenk, allein das würde sich schon gegeben haben, wenn sie erst zur Attake geführt wurden. Ausrüstung jedoch und Bewaffnung ließen manches zu wünschen übrig. Ein Theil derselben war mit schweren Büchsen und Haubajonneten versehen, und ein solches Individuum zu Pferde, mit Büchse, Säbel und Revolver, nahm sich fast wie ein Waffenschrank aus. Ich glaube, der Oberst hatte blos Courage, wenn er seine Leute bis an die Zähne bewaffnete. Die Pferde sahen schrecklich aus, wie denn überhaupt die amerikanischen Reiter fast keine Lust haben, ihrem Pferde eine besondere Aufmerksamkeit zu widmen. Von Manövriren war gar keine Rede, man ritt auf, schwenkte ab und hiermit war das Exercitium zu Ende. Eine Fechtart hatten sie nicht, jeder brauchte seine Waffe, wie ihm gut schien.

Mit getäuschten Erwartungen eilte ich wieder nach Raleigh. Bevor ich mich jedoch zu seiner Excellenz dem Gouverneur begab, wollte ich erst mit General Martin eine Unterredung haben. Freundlich lächelnd empfing mich dieser. Nun, mein Lieber, welche Erfahrungen haben Sie gemacht? Ach, General, wenn diese Leute so gut zu fechten verstehen, wie sie sprechen, dann können wir für unsere Küste außer Sorge sein. — Ja, ja, schwätzen, das ist aber leider auch alles, und damit ruiniren diese Menschen unser Land. Wollte General Burnside seinen Erfolg benutzen, in 14 Tagen hätte er unsere ganze Küste. Sie sollen sehen, sprach er, eine Karte auf dem Tische ausbreitend, Neubern, Beaufort ist verloren, und durch diesen Erfolg aufgemuntert, wird General Burnside sofort seine Offensivoperationen bis nach· Goldsborough ausdehnen, sowie ein Seitenmanöver nach Weldon machen. Unsere nöthigsten und frequentesten Eisenbahnstrecken sind alsbann in seinen Händen und unsere Armee in zwei Theile getheilt. Die Flotte wird einen Angriff auf Wilmington ausführen und unsere Forts Caswell, Smithville, Fisher unter ihren Commandanten Iverson, Brown, Fasson in zwei Stunden nehmen. Alle diese Herren, außer Oberst Iverson, der früher in der Union diente, haben keine Idee von ihren Pflichten und Posten. Freilich habe ich hier bei Raleigh, Wilmington, Salisbury, ein Uebungslager errichtet und etwa 12—15000 Mann zusammengezogen; aber betrachten Sie diese Leute sammt und sonders, sie haben nicht die geringste Idee von der Wichtigkeit ihres Postens, und glauben Sie mir, es fällt uns unendlich schwer, sie mit ihren Pflichten bekannt zu machen; häufig gehen ganze Compagnien mit ihren Offizieren aus dem Gefecht, nicht etwa, weil sie übermäßige Furcht haben, sondern weil sie genug gethan zu haben glauben und die weitere Arbeit andern überlassen wollen. Kommen Sie nach Richmond, Oberst, so legen Sie der Regierung ans Herz, andere Commandanten für sämmtliche Forts an der Küste, sowie einige tüchtige Ingenieuroffiziere anzustellen. Die Cavalerie könnte von Neubern ganz weggenommen werden, wenn wir dafür einige Bataillone Infanterie, gute gediente Leute erhielten. Auch müssen einige tausend Gewehre geschickt werden, um jene unglücklichen Menschen im Lager zu bewaffnen, und dann mache ich mich ver-

binblich, Golbsborough — benn Neubern ist so gut wie verloren
— zu halten. So, jetzt kennen Sie meine Ansichten, nun be=
suchen Sie den Gouverneur Clark. Herzlich schüttelte ich die
Linke dieses wackern Mannes und begab mich zu Gouverneur
Clark; er war ins Lager geritten und ich nahm deshalb die
Einladung des Secretärs an, einen Spaziergang vor die Stadt
zu machen.

Auch dieser alte würdige Mann schüttete sein sorgenschweres
Herz vor mir aus. Dieser unselige Krieg, meinte er, wird
nie einen glücklichen Ausgang haben; noch jede Revolution hat
ein schmähliches Ende genommen, und so fürchte ich, geht es
der unserigen auch. Alle jene Führer der Regierung haben nie
das Volk um seinen Willen gefragt, sie benutzen es nur, ihre
eigenen, habgierigen Plane auszuführen. Ich schüttelte traurig
mein Haupt bei dem Gedanken, wie viele treue Unterthanen
der Union gezwungen seien, Sympathjen für eine Regierung
zu heucheln, welche ihnen bisjetzt nichts als Unglück ge=
bracht habe.

Als wir ein paar Meilen von der Stadt waren, begegnete
uns eine große Gestalt, mit lebernen Hosen und Rock bekleidet,
die Füße mit indianischen Sandalen versehen; ein breiter
Gurt umschloß die kräftige Taille, in demselben sah man zwei
Revolver, ein langes Bowiemesser und einen indianischen To=
mahawk; eine ungeheure Büchse trug er über die Schulter: dies
alles, sowie sein langes Bart= und Haupthaar, gaben ihm ein
wildes Aussehen. Mit einem guten Abend ging dieser Prairie=
trapper vorüber; wir blieben einen Augenblick stehen und sahen
ihm verwundert nach. Wenige Schritte noch und auch er
stand still, setzte sein Gewehr bei Fuß und starrte meinen
Begleiter an, dessen Züge sich seltsam änderten. Vater, Va=
ter, murmelte der Trapper dann mehr, als er's sagte, und mit
einem lauten Schrei lagen sich Vater und Sohn in den Ar=
men. Gerührt stand ich etwas seitwärts und wagte durch

keinen Blick dieses Glück zu stören. Bald stellte mir der Vater seinen Sohn vor, den er schon verloren geglaubt. Vor 14 Jahren war er nach dem Süden gezogen und hatte seit dieser Zeit keine Nachrichten von sich gegeben. Er war am Oregon gewesen und hatte dort sein Glück als Goldgräber und Jäger versucht; als der Krieg ausbrach, wollte er heim eilen, und da er kein Geld hatte, machte er den Weg von da nach Nordcarolina, 8000 Meilen, zu Fuße. Zahllose Wildnisse, endlose Prairien, wilde, mörderische Indianerstämme kreuzten seinen Pfad; mit allen nur erdenklichen Schrecknissen, die ihm den Durchgang streitig machten, hatte er zu kämpfen, und als er endlich glücklich die Missourigrenze erreicht hatte, fiel er in die Hände der Unionsdragoner unter Sturgis; allein auch dieser achtete die Ausdauer und den Muth dieses sich frei bekennenden Secessionisten so sehr, daß er ihn ruhig seines Weges ziehen ließ. Wen Gott so wunderbar auf einer solchen Tour beschützt, dessen Fuß zu hemmen hat der Mensch das Recht verloren. Es war ein wahrer Aufruhr in dem Städtchen, als es hieß, der junge P. sei zu Fuß vom Oregon gekommen. Alles drängte sich herbei, die Schilderungen dieses wackern Burschen zu hören, den es jedoch nicht lange im väterlichen Hause hielt. Er nahm Dienst als Kapitän eines Infanterieregiments und fiel bald ein Opfer der feindlichen Kugeln. Sein Wunsch, für sein Land und für die Ueberzeugung, für die er so viel gelitten und geopfert, zu sterben, war erfüllt.

Kaum war ich nach Richmond zurückgekehrt und hatte meine Depeschen abgegeben, als ich auch sofort wieder nach Raleigh mußte. Nach meiner Ankunft an diesem Punkte vernahm ich, daß Burnside seine Flotte zusammengezogen habe und Miene mache, Neubern anzugreifen. Ich beeilte mich, um noch beizeiten in dem Lager des Generals Branch einzutreffen und Zeuge seiner tapfern Vertheidigung zu sein.

Schon in Goldsborough circulirten die merkwürdigsten Gerüchte, Burnside hätte Beaufort angegriffen und nach einer
heldenmüthigen Vertheidigung die Garnison über die Klinge
springen lassen. Die Aufregung wuchs, je weiter ich kam.
In Kingston verließ ich die Eisenbahn, verschaffte mir von den
dortigen Offizieren Pferde und ritt in der gespanntesten Er-
wartung weiter. Je mehr wir uns Neubern näherten, desto
lebhafter wurde der Kanonendonner und desto zahlreicher die
Ausreißer, welche wie wilde Pferde vor dem Sturme so rasch
fortzukommen suchten, daß sie sich fast überstürzten. Besonders
die Cavalerie war interessant, sie hielt ein förmliches Wett-
rennen, und die Offiziere waren gleich besorgt, ihre Pferde in
Sicherheit zu bringen. Auch glaubte ich auf einem Seitenpfade
die ritterliche Gestalt des noch vor wenig Tagen so tapfer
redenden Oberst Spruil zu sehen; er grüßte nur leicht von
weitem, zu mehr hatte er keine Zeit.

Endlich vor Neubern gelang es mir, einige Ausreißer zum
Stehen zu bringen, und nach vieler Mühe brachte ich so viel
heraus, daß alles mit Löwenmuth gefochten habe, die Cavalerie
hätte Kanonenboote attakirt und sie in den Grund gebohrt,
die Forts seien in die Luft gesprengt worden, um nicht den
Manövern des Generals hinderlich zu sein, daß — da flog
ein Vierundzwanzigpfünder durch die Bäume und streute eine
Masse kleiner Splitter auf uns herab. Ehe ich noch recht
wußte, was geschehen, waren meine Burschen auf und davon.
In Neubern sah es fürchterlich aus, General Branch hatte
sofort die besten Eisenbahnwagen für sich in Beschlag genommen und war 46 Meilen landeinwärts geflohen. Truppen
aller Gattungen kamen in Masse ohne Offiziere und Waffen
über die Brücke, alle erzählten Wunderdinge von ihren Regimentern, alle hatten gekämpft wie Teufel, allein der Feind
hatte 100000 Mann gesandt, um sie zu vernichten! Man
konnte den Leuten nicht so ganz unrecht geben, sie haben ge-

fochten wie die Löwen, das Regiment ist ihrer Meinung nach
vernichtet, sie sind müde und ziehen sich aus dem Kampfe
zurück. Was will man von Truppen, die keine Disciplin
kennen, unter denen jeder selbständig handelt, mehr?
Durch die etwas zu eilige Flucht des Generals Branch
herrschte eine unendliche Confusion. Commando existirte posi=
tiv nicht. Niemand wollte mehr von einer Vertheidigung etwas
wissen, nur wenn es hieß, wir laufen bis nach Kingston,
dann war man einverstanden. Ja, sagte einer, noch besser
wäre es, wir liefen bis Raleigh; der Mann wurde vergöttert,
alles schrie, er solle sie führen und ihr Commandant sein.
Das Avancement hing also im vorliegenden Falle nur vom
Laufen ab.

Keinen Ausweg aus diesem Labyrinth sehend, begab ich
mich über die Brücke und ließ die Leute ihres Weges ziehen;
ich versuchte an jener Stelle, etwas Ordnung unter die Truppen
zu bringen, allein auch dieser Versuch wurde vereitelt. Da
zog eben das 19. Infanterieregiment daher, ich rief dem
Oberst Burgwine zu, er solle seine Leute plänkeln lassen, um
der an der Brücke aufgehäuften Bagage und den Kanonen
Zeit zu verschaffen, ihren Weg ungestört ausführen zu können.
Oberst Burgwine, ein wackerer Soldat, ließ seine Truppen
Halt machen und in dichten Schwärmen vorwärts gehen.
Noch einige brave Compagnien schlossen sich denselben an und
in kurzem unterhielten diese Truppen ein so gutes Feuer,
daß die feindliche Avantgarde, welche sich durch die eilige
Flucht unserer Leute hatte verleiten lassen, ihnen rasch auf dem
Fuße zu folgen, vermuthete, wir hätten Unterstützung erhalten,
und in ihrem eiligen Vordringen aufhörte. Ein Glück, denn
unschätzbares Gut wurde dadurch gerettet. Jetzt aber wurde
das Feuer der Unionstruppen lebhafter, sie drängten frisch
vorwärts, unsere Truppen wurden aus ihren Stellungen
herausgetrieben, wir mußten rasch die Brücke überschreiten

und sie hinter uns dem Feinde preisgeben. Wenige Minuten
nachher prasselten mächtige Feuersäulen zum Himmel empor;
dieser prächtige Bau, der Stolz der Bewohner Nordcarolinas,
ging in einem Flammenmeere unter. Selbst die siegenden
Feinde vergaßen über dem riesigen Schauspiel ihre Aufgabe
und hörten mit Feuern auf. Jetzt prasselten die Flammen
noch mächtiger, thurmhohe Feuersäulen zischten zum ruhigen
Himmel empor, dann krachte es, als ob die Erde bersten
wollte, und mit Getöse fiel das brennende Werk in die
Fluten, welche zischten und mit ihren feuchten Zungen so
lange leckten, bis von den mächtigen Pfeilern nur noch ein
geringer Rauch emporwirbelte. Jetzt begann der Feind von
neuem zu feuern und vertrieb die Conföderirten von der
Vorderseite der Stadt. Die tollste Verwirrung herrschte in derselben. Alles wollte um jeden Preis fliehen, jeder wollte,
koste es was es wolle, unglücklich sein, und obgleich man die
besten Beweise von der Humanität des Feindes hatte, wollte
niemand bleiben. Jeder, der Wagen und Pferde hatte oder
auftreiben konnte, lud von seinen Habseligkeiten so viel als
möglich auf und zog mit Frau und Kind in die Fremde,
wohin, wußte niemand. Vergebens beschwor ich mit ein
paar Vernünftigen die Leute, doch nicht ihr ganzes Hab und
Gut aufs Spiel zu setzen, General Burnside und seine
Generale seien ritterliche Feinde; alles half nichts, sie wollten fliehen, es gehörte einmal zur Mode, heimatlos im Lande
umherzuziehen und allem Ungemach anheimzufallen.

General Burnside säumte nicht lange, uns ganz aus
Neubern zu werfen. Er sandte seine Truppen auf kleinen
Schiffen über und ließ Neubern von allen Seiten angreifen.
Als der letzte Eisenbahnzug sich in Bewegung setzte, flog
schon eine Kanonenkugel dem rasch dahineilenden nach, ohne
jedoch Schaden anzurichten. Unsere versprengten Truppen
zogen sich unterdessen eilig nach Kingston zurück, um sich

dort von neuem zu sammeln. Hier sah es bunt und lächer=
lich aus; alle Soldaten erzählten dem Publikum von der
Todesverachtung, mit der sie gestritten, und von den grausen=
erregenden Schlachten, in denen sie gekämpft. General
Branch hatte alle Mühe, seine in Neubern verlorene mili=
tärische Ehre wiederzufinden. Burnside schien mit den er=
rungenen Vortheilen zufrieden und mehr der Civilverwaltung
seine Aufmerksamkeit zu widmen; hätte er eine Ahnung ge=
habt, welche Schläge er unserer Armee beigebracht, er hätte
uns leicht den Todesstoß versetzen können; wenn er die mo=
ralische Niederlage, die er uns beibrachte, benutzt hätte, uns
aus Kingston und Goldsborough zu vertreiben, unsere Re=
gierung hätte von Raleigh fliehen müssen. Zugleich hätte
er dadurch Weldon und Wilmington bedroht und viele Be=
wohner von Nordcarolina würden die Stars und Strips
wieder mit Jubel in ihrem Staate begrüßt haben. Während
er aber die Gewalt in Händen hatte, ließ er uns mit dem
Schrecken entkommen. Die Verwirrung in Neubern dehnte
sich bis nach Raleigh aus, denn als General Gattlin von
Branch's Rückzug in Goldsborough hörte, bekam er eine
solche Angst, daß er unfähig war, irgendetwas zu unter=
nehmen. Alle Befehle Branch's, mit seinen gesammten Trup=
pen zu ihm zu stoßen, fruchteten nichts, er war krank, und
der größte Theil seiner Offiziere verschanzte sich hinter der
Krankheit des Führers und wollte von niemand anders
Befehle annehmen. Die Banken Raleighs packten daher
ihre Gelder zusammen und flohen südwestlich nach Charlotte,
denn Raleigh konnte in drei Tagen feindliche Besatzung
haben. Der genügsame Burnside erlaubte jedoch noch ein=
mal der zersplitterten Armee der Conföderirten sich zu sam=
meln und ihr wackeliges Haus zu stützen. Der Kriegs=
minister ordnete sofort die Entlassung von Branch und
Gattlin an, und übergab das Commando dem General Ander=

son, ferner sandte er alle am Potomac disponibeln Truppen unter General Ranfom nach Nordcarolina und suchte auf diese Weise den Verlust, den man einestheils durch die feind= liche Armee unter Burnside, größtentheils jedoch durch die Feigheit der eigenen Generale erlitten hatte, wieder gut zu machen.

11.

Belagerung von Yorktown.

M'Clellan rückt vor Yorktown. Mühsamer Marsch. General Magruder hat die Stadt befestigt. Belagerung von Yorktown. Beschwerliche Arbeiten. Befehl des Kriegsministers. Yorktown wird verlassen. Vorsichtiger Abzug. M'Clellan besetzt Yorktown und rückt gegen Williamsburg. General Hooker greift an. Er wird zurückgeworfen. Bedrängte Lage. Er erhält Hülfe von Kearny. Heintzelmann. Neuer Angriff. Tapferkeit auf beiden Seiten. Einzelkämpfe im Walde. Magruder's Thätigkeit. M'Clellan schickt neue Verstärkung. Hancock greift den General Pickett an und wirft ihn zurück. General Magruder's verzweifelte Anstrengungen. M'Clellan erscheint und wirft die Conföderirten zurück. Verwirrung in Williamsburg. General Magruder's Wuth. Er will die Stadt nicht verlassen. General Johnstone erscheint. Rückzug auf Richmond. Ein Reitergefecht. Flucht der Conföderirten. M'Clellan's edles Benehmen gegen die Verwundeten.

General M'Clellan führte unterdessen trotz der schlechten Wege seinen Marsch gegen Yorktown aus, die Armee folgte blindlings ihrem braven Führer und überwand alle Hindernisse so glücklich, daß man auf ein glänzendes Resultat schließen mußte. Vor Yorktown fand jedoch M'Clellan diesen Platz durch die energischen Bemühungen des conföderirten Generals Magruder so befestigt, daß er gezwungen war, das Städtchen durch eine regelmäßige Belagerung zu nehmen. Mit unendlicher Schwierigkeit wurden die nöthigen Belagerungsgeschütze herbeigeschafft; welche Mühe und Noth dieser Transport ver=

urſachte, kann nur der begreifen, der mit der Lage der Halb=
inſel vertraut iſt. Straßen mußten angelegt, Brücken geſchlagen,
Flüße abgedämmt werden; doch alle dieſe Mühſeligkeiten wurden
durch den eiſernen Willen und die Ausdauer der Soldaten über=
wunden. Dazu mußte M'Clellan ſeine Arbeiten unter fort=
während der Beunruhigung von unſerer Seite vornehmen; ſchon
nach dreiwöchentlicher Anſtrengung waren die Arbeiten ſo weit
fortgeſchritten, daß die Batterien errichtet werden konnten.
Wir unterhielten unterdeſſen fortwährend ein lebhaftes Feuer,
verbunden mit Ausfällen, die jedoch ſtets von unſerm wach=
ſamen Feinde abgewieſen wurden. General Magruder hatte
zu Yorktown Streitkräfte geſammelt, welche es ihm möglich
machten, den Feind im Nothfalle ſogar in offener Feldſchlacht
zu begegnen. Trotz dieſer für uns günſtigen Verhältniſſe er=
hielt General Magruder den Befehl, Yorktown· mit gehöriger
Vorſicht und unter Zurücklaſſung ſämmtlicher Geſchütze aufzu=
geben und ſich auf die zweite Linie bei Williamsburg zurück=
zuziehen. Daß dieſer Befehl für Magruder ſelbſt ſehr unan=
genehm ſein mußte, iſt klar, und mit dem größten Unwillen
übertrug er die Sorge für den Abzug der Truppen ſeinem
Chef des Generalſtabes. Dieſer ließ auf die Belagerungs=
arbeiten des Feindes ein lebhaftes Feuer unterhalten und gab
mehreren Regimentern Befehl zum Demonſtriren. Bei An=
bruch der Nacht rückte bereits die erſte Brigade Cullen ganz
in der Stille auf der Straße nach Williamsburg ab; den
nächſten Morgen folgten ebenſo ſchnell und ruhig zwei weitere
Brigaden. Am 3. Mai war der größte Theil der Truppen abge=
zogen und nur noch drei Regimenter Infanterie, die geſammte
Cavalerie ſowie zwei reitende Batterien waren in den Ver=
ſchanzungen und hatten·die äußerſten Poſten inne. In der
Nacht wurden ſämmtliche Außenpoſten und Lagerwachen ein=
gezogen und der Reſt der Beſatzung bewegte ſich unter dem
perſönlichen Befehl des Generals Magruder nach Williamsburg.

Die Cavalerie hatte die Ordre erhalten, ein Commando in der Nähe von Yorktown zur Beobachtung des Feindes zurückzulassen. Der Abzug war in so großer Stille und so vorsichtig ausgeführt worden, daß selbst die äußersten Vorposten nichts davon gemerkt hatten. Als endlich die Meldung von unserm freiwilligen Rückzuge in dem Lager M'Clellan's eintraf, beorderte er sofort die Cavaleriebrigade unter Stoneman zur Verfolgung; geführt wurde dieselbe von einem jungen feurigen Cavalerielieutenant — wie wir später erfuhren, war es der Herzog von Chartres —, der sich wie der Blitz auf unsere Nachhut warf und bedeutende Verwirrungen anrichtete. Nach einigen Reitergefechten gelang es jedoch den Conföderirten zu entschlüpfen und ihre Verschanzungen bei Williamsburg zu erreichen.

Schon der übergroßen Beute wegen, die M'Clellan in Yorktown machte, mußte es ihn gewaltig befremden, daß eine so starke Armee mit Hinterlassung ihres gesammten Materials einen Posten verlassen hatte, der so fest war, daß er eine lange Belagerung aushalten konnte. Es bestärkte ihn dies ohne Zweifel in seinem Plane, mit seiner ganzen Streitmacht gegen uns vorzurücken. General Hooker führte die Avantgarde, er folgte uns auf dem Fuße und ging, nachdem er kaum die Verschanzungen von Williamsburg zu Gesicht bekommen hatte, sofort zum Angriff über. Seine Leute stürzten sich mit vieler Bravour auf unsere Werke. Oberst Miller von der conföderirten Armee kann sich nicht halten und beginnt schon zu wanken. Sobald der Feind dies merkt, wächst seine Kampfbegierde so, daß Miller's Truppen fast erbrückt werden. Schon will dieser zurückgehen, um eine neue Stellung zu suchen, da eilt General Cobb zu seiner Unterstützung herbei; durch ihn wird Hooker's Division zum Stehen gebracht; Anderson, der ebenfalls herbeieilt, greift den Feind in der Flanke an und nöthigt ihn hierdurch, trotz aller Anstrengungen, die errungenen Vortheile aufzugeben und sich zum Rückzuge zu entschließen, da er sich gegen die Uebermacht nicht länger zu halten vermag. Mit Verlust von etwa 1700 Mann und einigen Kanonen trat er denselben an. Nun waren die Straßen in einem so schlechten Zustande, daß Wagen und Kanonen nur langsam und mit unsaglicher Mühe vorwärts geschafft werden konnten. Hooker, der ohne Zweifel ein tüchtiger Soldat ist, that alles Mögliche, seine Division zu retten; allein General Cobb läßt ihn nicht los und zwingt ihn, seinen Rückzug unter stetem Kampf zu bewirken. Hooker's Lage wird von Minute zu Minute verzweifelter. Durch seinen Uebermuth hatte er sich in einen Kampf eingelassen, den er vermeiden konnte, und selbst als er in augenscheinlichem Nachtheil war, wollte er noch nicht weichen. Erst als er seinen Fehler bemerkte und zudem sich nicht nur von Cobb's Brigade allein, sondern fast von einem ganzen Armeecorps angegriffen sah, verlangte er Unterstützung vom Oberbefehlshaber, der auch sofort die Division Kearny absandte. Kein Besserer konnte gewählt werden. Kearny ist eine jener heroischen, ritterlichen Erscheinungen, wie sie uns vielfach in der französischen Armee begegnen. In dem mexicanischen Kriege verlor er einen Arm, später machte er freiwillig als Adjutant in der französischen Armee den Krieg in Italien mit und bewies sich in den Schlachten von Solferino und Monzaja als ein Offizier von seltenem Muth und Talent. Seine Division eilte in Sturmschritt herbei, um Hooker zu unterstützen. Trotz der fürchterlichen Hindernisse, die die Straßen darboten, brach er sich Bahn und erreichte die von allen Seiten bedrängte Division Hooker's. Mit unvergleichlicher Geschicklichkeit führte er dann seine Truppen ins Feuer; er war überall, in diesem Augenblicke führte er das Centrum zum Angriffe und stellte das Gefecht von neuem her, im nächsten flog er wie der Blitz mit einer Batterie auf den

rechten Flügel, welcher von Magruder selbst angegriffen wurde.
Ueberall wo die Gefahr am größten war, wo die Leute sich
nur mit Mühe gegen die von unserer Seite mit Wuth aus=
geführten Angriffe zu halten vermochten, tauchte auf einma
seine Gestalt auf und belebte von neuem mit Muth und Aus=
dauer die Streitenden. Jetzt erschien auch noch General
Heintzelmann mit einer Division und warf sich mit großem
Ungestüm auf unsere Truppen. In kurzem sind sämmtliche
Divisionen in einen dichten Knäuel verwickelt; die Cavalerie
konnte an diesem Tage des durchweichten Bodens wegen von
gar keinem Nutzen sein und mußte sich zum Aerger unserer
Befehlshaber ruhig verhalten. Selbst die Artillerie hatte mit
sehr großen Schwierigkeiten zu kämpfen; allmählich zog sich die
ganze Schlacht, die am Saume des Waldes begonnen hatte,
tiefer in den Wald hinein, und hier unter dem Rauschen der
Urfichten, die durch die Artillerie zerschmettert wurden, fanden
jene grausigen Einzelkämpfe statt, wie sie nur selten ein Krieg
mit sich bringt. Das Rauschen der Bäume, das Knattern
der Gewehre, das Geschrei der Kämpfenden, das Stöhnen
der Verwundeten, hierzu das tausendfache Echo des Waldes
hatten etwas so wild Erhabenes und Schreckliches, daß es nicht
leicht aus dem Gedächtnisse der Ueberlebenden schwinden wird.
General Magruder ließ stets frische Truppen ins Gefecht
rücken und nach einigen Stunden hatte er die Division Hooker
so zertrümmert, daß nur noch Fragmente übrig waren; ebenso
erlitten Heintzelmann und Kearny enorme Verluste. Schon
neigte sich die Wagschale auf unsere Seite und sämmtliche
Führer versuchten noch eine letzte Anstrengung, um den Tag
für sich zu erringen, da sandte M'Clellan noch zwei weitere
Brigaden einen Damm entlang, um die Werke, welche auf
unserer linken Flanke lagen, anzugreifen und uns hierdurch
zum Aufgeben der Schlacht zu nöthigen. General Magruder,
der beizeiten die Bewegung der feindlichen Brigaden be=

merkte, fandte fofort die als Referve aufgeftellte Brigade des Generals Pickett zur Unterftützung nach jenem Punkte. Im Fluge durcheilte diefe das weite Feld, welches fie von den Werken trennte, und kam in demfelben Augenblicke an der felben an, als die Unionstruppen unter Hancock den Sturm auf diefelben beginnen wollten. General Pickett verftärkt fich noch durch ein Infanterieregiment und wirft fich mit feinen von dem befchwerlichen Laufen erfchöpften Leuten unter dem donnernden Gebrüll Bull=Run! Bull=Run! auf die Feinde, die noch im Aufftellen begriffen find. Kaum haben fie jedoch die Hälfte des Feldes, das fie noch von dem Feinde trennt, durchmeffen, als General Hancock einen mörderifchen Ku= gelhagel über unfere Colonne ausfchüttet. Entfetzlich ift es, die Verheerung zu fehen, welche diefes Feuer unter unfern Truppen anrichtet. Einen Moment hält die ganze Sturmcolonne, wie vom Blitz gerührt, inne; doch bald durch Zurufe und Ermunterungen der Offiziere von neuem gefam= melt, fucht Pickett fie durch eine Schwenkung nach links aus dem Bereiche des mörderifchen Feuers zu ziehen; jedoch um= fonft, nochmals erhält er eine fürchterliche Salve, da wanken die muthigften Regimenter, verlieren ihre Faffung, machen Kehrt und fliehen. Hancock gewahrt den Erfolg feiner Ver= theidigung und gibt fofort Befehl zum Verfolgen des Feindes; unter bonnerndem Hurrah, mit gefälltem Bajonnet, machen fich feine Truppen über unfere Flüchtlinge her und beginnen eine fchreckliche Metzelei. Magruder, der dies bemerkt, be= ordert fofort die Cavalerieregimenter 2 und 9 zur Attake; doch die Anftrengungen, eine Pofition zu nehmen, find für die Cavalerie, bei dem durchweichten Boden, vollftändig nutz= los. Die Pferde finken faft bis ans Knie in die Sümpfe und es tritt eine bunte Verwirrung unter den Regimentern ein. Da tönt wie Sturmesbraufen das taufendftimmige Ge= fchrei der fiegenden Feinde aus dem Walde herüber; dem

Muthigsten entsinkt die Waffe, einer blickt den andern fragend an, was wol jenes Geschrei zu bedeuten habe. General Hancock läßt uns jedoch wenig Zeit zum Besinnen, eine Charge um die andere führt er auf unsere Glieder aus, so oft sie sich zu sammeln versuchen. Da kommt die Nachricht, M'Clellan sei mit dem Gros der Armee angelangt und jenes stürmische Hurrahrufen habe seiner Ankunft gegolten. Wie verzweifelt machen unsere Regimenter Kehrt und fliehen. M'Clellan benutzt diesen Augenblick und führt seine wenn auch erschöpften Truppen sofort ins Gefecht und gibt uns dadurch den Todesstoß. Vor Aufregung, die durch das schlechte Wetter nur noch vermehrt wird, fast außer sich, mit sich selbst unzufrieden über die vergeblichen Anstrengungen, gibt Magruder endlich das Zeichen zum Rückzug; die eben angelangte Division Hill erhielt Befehl denselben zu decken. Sämmtliche Verwundete, sowie ein Theil der Bagage, mußten dem Feinde überlassen werden. Zum größten Glücke senkte sich bereits die Nacht zur Erde nieder, welche, vereinigt mit dem Regen, der in Strömen niederfloß, den siegenden Feind hinderte, uns gänzlich zu vernichten. Mühevoll schleppte sich unsere geschlagene Armee nach Williamsburg und brachte die schrecklichste Verwirrung unter die schon siegestrunkenen Bewohner. Nur die Neger, die in Haufen umherstanden, blickten schadenfroh auf die vernichteten Colonnen. Ohne Zeitverlust wurden Anordnungen getroffen, Williamsburg aufzugeben und unsern Rückzug nach Richmond auszuführen. Die nothwendigsten Gegenstände wurden in Eile ebendahin befördert, denn es war vorauszusehen, daß M'Clellan's energischer Charakter nicht säumen würde, die Früchte seines Sieges vollends zu pflücken. Sämmtliche Truppen waren gezwungen, die ganze Nacht hindurch, durchnäßt bis auf die Haut, bis an die Knie im Wasser stehend, auszuharren, und als es endlich hell wurde, sodaß man die Nächststehenden zu unterscheiden vermochte, begannen die Generale ihre Truppen aus Williamsburg abziehen zu lassen. Sehr schwer war es, General Magruder hierzu zu bestimmen, denn er liebte diese Stellung wie ein Vater sein Kind. Schon seit längerer Zeit hatte er die Befestigungs= arbeiten unter seiner eigenen Aufsicht ausführen lassen, und es verdroß ihn um so mehr, jetzt dieselben ohne weiteres dem Feinde überlassen zu müssen. Yorktown konnte er dem Befehle seiner Regierung gemäß schon aufgeben, aber Williams= burg, sein Stolz, seine Freude, dessen Bewohnern er versichert hatte, daß der Ort so stark befestigt sei, daß jeder Bürger ohne Furcht ruhen könne, dieses Williamsburg aufzugeben, däuchte ihn zu hart. Wie ein König hatte er hier seinen kleinen, einfachen Hof gehalten, die glücklichsten Stunden hatte er hier als Soldat verlebt, jeder wackere Kamerad, jeder biedere Bürger, ob Freund, ob Feind, hatte hier bei ihm gastliche Aufnahme gefunden, oftmals hatte er hier im Kreise seiner Gefährten den künftigen Tagen so hoffnungsvoll ent= gegengesehen, und jetzt mußte er es aufgeben. Wie ein ver= wundeter Löwe stürmte er durch die weiten Räume des College, in dem er sein Hauptquartier aufgeschlagen hatte, und zer= trümmerte, was ihm im Wege stand; es war ihm, als habe er den Verstand verloren, alle Träume, alle Hoffnungen waren nun mit Einem Schlage zerstört. Von seinem ehemaligen Ge= fährten auf der Akademie geschlagen und fast vernichtet, mußte er den Eisenkopf beugen, er mußte fliehen oder seinen Unter= gang unvermeidlich herbeiführen. Einen Spiegel, der ihm sein von Aufregung und Kummer entstelltes Antlitz zeigte, zerschlug er in tausend Stücke, und schwur hoch und theuer, daß er sich am nächsten Morgen lieber wie ein gemeiner Soldat in tausend Fetzen zerreißen lassen würde, bevor er seine Stellung aufgäbe. Da erreichte zum größten Glücke der Höchstcomman= dirende sämmtlicher Armeen, Johnstone, das Hauptquartier und nachdem er sich in gedrängten Umrissen die Details der verlorenen Schlacht hatte darstellen lassen, gab er mit kurzen Worten General Magruder Befehl, sich mit seinen Truppen ungesäumt auf beiden Straßen nach Richmond zu begeben. Vergebens bat Magruder, man möchte ihm wenigstens erlauben, am folgenden Tage noch einmal das Glück zu versuchen, da er Hoffnung habe, Williamsburg dennoch zu halten. Das ist keine Möglichkeit, wurde ihm geantwortet, und Sie werden dann nicht nur Williamsburg aufgeben müssen, sondern können nicht einmal mehr Richmond halten, da General Keyes bereits Stellung zwischen Ihnen und Richmond genommen hat und also schon jetzt Ihren Rückzug bedroht. Durch diese Mittheilung bestimmt, versprach Magruder seinen Rückzug so schnell und zweckmäßig auszuführen, daß er sich ohne Verlust mit dem bei Richmond concentrirten Heere vereinigen könne. Hill erhielt den Auftrag, Williamsburg so lange zu halten, bis die abziehende Armee einen Vorsprung von vier Stunden gewonnen hätte, dann sollte er im Verein mit den Regimentern 2 und 9 und mit der Cavalerie von Cobb's Legion den Rückzug tapfer decken. Als am nächsten Morgen die Sonne blutroth aufging, hatten sich die Straßen in Williamsburg von den Soldatenmassen geleert, und nur zahlreiche Verwundete und eine Masse von Kranken mußten von der abziehenden Armee zurückgelassen werden. Einzelne Cavaleriepatrouillen ritten mit hängendem Säbel und gespanntem Revolver durch die menschenleeren Straßen; alle Häuser, alle Fenster waren geschlossen und nur dann und wann sah man das bleiche, leidende Gesicht eines Verwundeten oder Kranken hinausblicken und sehnsüchtig den Abziehenden nachblicken, oder hülfeflehend die Arme ausstrecken.

Jetzt entwickelte sich von neuem das Musketenfeuer und schon nach wenigen Minuten kam die Division Hill in eiliger Flucht durch Williamsburg. Unsere Cavalerie bezog jetzt zu beiden Seiten der Straße ihre Stellung und erwartete mit

fefter Haltung ben vorbringenden Feinb. In kurzem ertönen
einzelne Schüffe in den Straßen ber Stadt. Vereinzelte
feinbliche Reiter fprengen in wilbem Fluge burch biefelbe;
boch kaum am Enbe angelangt, bemerfen fie unfere Cavalerie=
colonnen, machen Kehrt unb fliehen eilig zurück, fchon nach
einigen Minuten hören wir bas bumpfe Getöfe vieler Reiter,
alles macht fich jetzt fertig; ber Zügel bes Pferbes wirb kräf=
tiger angezogen, noch ein prüfenber Blick auf Revolver unb
Säbel geworfen, wenige Worte noch mit bem Nachbar ge=
wechfelt, während bie Pferbe wiehern unb unmuthig ben wei=
chen Boben ftampfen. Da wirb bas Getöfe lebhafter unb
eine Escabron Ulanen brauft aus ber Mündung ber Straße
baher unb fchwenkt fich in bas offene Felb. Kurz barauf
ftürmen bie feinblichen Reiterregimenter heran, bie Commanbos
ertönen auf beiben Seiten unb, fchweren Gewitterwolfen gleich,
ftoßen bie Reitergefchwaber zufammen. In kurzem ift bas
Felb mit kämpfenben Truppen überbeckt. Der Sieg war
lange zweifelhaft; enblich beginnt bie feinbliche Linie fchon
etwas zu wanfen, als wir in unferer rechten Flanfe eine feinb=
liche Infanteriecolonne aus bem Walbe brechen fehen, bie uns
ben Rückzug zu verfperren broht. General Hill gibt fofort
bem Reiterregiment von Cobb's Legion unter Young Befehl,
jene fich bereits ausbehnenbe Infanteriecolonne in ben Walb
zurückzuwerfen. Der Befehl wurbe fofort mit Erfolg ausge=
führt; boch kaum war bies gefchehen, als aus ber entgegen=
gefetzten Seite bes Walbes eine anbere feinbliche Colonne her=
vorbringt unb eine töbliche Salve unter unfere fchon fieges=
trunfenen Truppen fenbet. So von allen Seiten gefaßt, gibt
General Hill Befehl zum Rückzuge. Die Trompeten fchmet=
tern unb in kurzem Trabe mit ungeheurem Verlufte fchlägt
unfere Cavalerie fich glücklich burch. General M'Clellan, mit
bem Erfolge feiner Unternehmungen zufrieben, gibt Befehl,
bie Verfolgung einzuftellen, ba feine erfchöpften Truppen ber

Ruhe bedürfen und überdies die zahlreichen Verwundeten sowol
von seiner wie von unserer Armee, die auf der Straße von
Yorktown bis Williamsburg in den Wäldern und Sümpfen
liegen geblieben waren, seine Sorge in Anspruch nahmen.
Dieses edle, menschenfreundliche Benehmen gewann ihm nicht
nur die Achtung und Liebe seiner Soldaten, sondern auch der
unserigen. M'Clellan hatte glänzende Erfolge gehabt, er hatte
unsere Truppen aus zwei sehr stark befestigten Stellungen vertrieben und durch die mörderische Schlacht bei Williamsburg
den Muth unserer Soldaten bedeutend erschüttert.

12.

Monitor und Merrimac.

Rückzug auf Richmond. Große Arbeiten in den Schiffsarsenalen von Portsmouth. Geheimnißvolle Plane. Der Merrimac wird gebaut. Die conföderirte Flotte läuft aus. Rede des Kapitäns Buchanan. Die Unionsflotte. Angriff des Merrimac auf die Fregatte Congreß. Der Cumberland wird in den Grund gebohrt. Neuer Angriff auf die Fregatte Congreß. Capitulation. Die Strandbatterien stellen ihr Feuer nicht ein. Kapitän Buchanan wird verwundet. Zerstörung des Congreß. Einstellung des Feuers. Der Monitor. Kampf zwischen dem Monitor und dem Merrimac. Rückzug des Merrimac nach Norfolk.

Unsere Truppen hatten ihre Plätze am Potomac und bei Manassas in aller Stille verlassen und zogen von allen Seiten nach Richmond, um diesen festen Platz als Operationspunkt zu nehmen. Nur Jackson's Armeecorps und Ewell's Division erhielten Befehl, im Shenandoahthal Position zu nehmen und eine etwaige Demonstration des Feindes abzuweisen. Indessen wurden in Richmond die umfassendsten Maßregeln getroffen, um die Stadt zu einem zweiten Sebastopol umzuschaffen. Es mußte jedoch auch für die Wasserstraße Sorge getragen und der Jamesfluß in einen solchen Vertheidigungszustand gebracht werden, daß die Hauptstadt vor einer feindlichen Flotte besonders geschützt war. Zu diesem Zwecke entwickelten die Directoren und Inspectoren in den Schiffswerften von Portsmouth eine außerordentliche Thätigkeit. Tag und

Nacht dampften die Maschinen, mächtige Rauchsäulen wirbel=
ten durch die Schornsteine, während die Werkstätten dieses
weitläufigen Etablissements, welches nach der ersten Zerstörung
vollständig wiederhergestellt war, vom unaufhörlichen Arbeiten
und Hämmern widerhallten. Die großen, umfangreichen Ge=
bäulichkeiten selbst waren vollständig in Vertheidigungsstand
gesetzt. Gewaltige Eisenplatten aus den Eisenwerken Ander=
son's wanderten nach Portsmouth, um dort verarbeitet zu
werden. Das Volk, neugierig wie immer, erkundigte sich wol
angelegentlich nach den dort mit so großem Eifer betriebenen
Arbeiten, allein die Regierung wußte ihr Geheimniß so gut
zu bewahren, daß nur wenig davon ins Publikum gelangte,
und dieses nur solche Berichte waren, die zu veröffentlichen
man Interesse hatte. Alle Welt sprach von einem Schiffe,
welches das Navydepartement bauen ließe, das ganz mit
Eisen überzogen wäre, sodaß selbst die schwersten Kugeln nicht
durchzubringen im Stande wären; heimlich jedoch lachte man
über dies, wie man glaubte, vom Navydepartement erfundene
Märchen, woran man Millionen verschwende, ohne voraus=
sichtlich ein Resultat zu erzielen. Ja, noch wenige Tage vor
dem Auslaufen des Schiffes circulirten die wunderbarsten
Gerüchte, der Merrimac sei mit seiner eisernen Umhüllung
bereits im Hafen gesunken, und eine förmliche Erbitterung
bemächtigte sich der Gemüther, man stellte schon dringende
Forderungen an die Regierung, so unfähige Männer, wie
Maloroy, abzusetzen. Unterdessen statteten der Commodore
Tatnall und Kapitän Buchanan regelmäßig ihre Besuche in
den Schiffswerften ab. Endlich sollte das Räthsel gelöst und
die Ungeduld der Bürger befriedigt werden.

Am 12. März 1862 machte die conföderirte Flotte, be=
stehend aus dem eisengepanzerten Merrimac, mit 10 schweren
Achtundsechzigpfündern ausgerüstet, der Corvette Patrick=Henry
mit 12 theils Vierundzwanzig=, theils Zweiundbreißigpfün=

bern, bem Dampfer Jamestown mit zwei Kanonen und den
Kanonenbooten Teazer, Beaufort und Raleigh, jedes mit einer
Kanone ausgerüstet, ihren Besuch in Hampton-Road. Un-
zählige Neugierige hatten sich eingefunden, um dem merkwür-
bigen Schauspiel einer Seeschlacht beizuwohnen, und verfolgten
mit unendlichem Interesse die kleine Armaba der Conföberation, als sie unter Dampf ging. Das Commando dieser
kleinen Flotte hatte Kapitän Buchanan, welcher seine Flagge
auf dem Merrimac aufgehißt hatte. Bevor die Flotte aus-
lief, hielt derselbe eine eindringliche Rede an seine Truppen.
„Wir gehen nun, um die Gesichtszüge unserer Feinde in
Augenschein zu nehmen", sagte er; „lange genug mußten wir
diese Ehre den Landtruppen überlassen, doch heute soll auch
euer Wunsch in Erfüllung gehen. Ihr sollt eure Feinde
sehen, und daß das Gefecht nicht lange hinausgeschoben wird,
dafür werde ich Sorge tragen. Erinnert euch, ihr fechtet für
eure Rechte, eure Heimat. Seht ihr die feindlichen Schiffe
dort? Ihr müßt sie vernichten; ich frage nicht, ob ihr es
thun wollt, denn ich weiß, ihr thut es." Diese Ansprache,
kurz und kräftig, verfehlte ihre Wirkung auf die Mannschaft
nicht, fröhlich erscholl ihr Hurrah in die stillen Lüfte, und
selbst jene, welche noch vor wenig Minuten mit beengtem
Herzen dieses eiserne Haus betreten hatten, waren wieder zu
ihrer frühern Lebhaftigkeit zurückgekehrt.

Wie ein schweres Verderben wälzte sich der eiserne Koloß
Merrimac in die offene Bai hinaus. Es sah seltsam aus,
dieses unförmliche Gebäude, als es auf dem Wasser dahin-
schwamm. Kein lebendes Wesen war an irgendeinem Theile
dieser fahrenden Festung zu sehen; wie von Seemöven, so
wurde es von den schlanken, flüchtigen Kanonenbooten um-
kreist, welche ihre Kräfte erprobten und in raschem Fluge
über die Wellen strichen, allein sich doch immer in der Nähe
ihres eisengepanzerten Schützers hielten. Mit bebendem

Herzen und unverwandtem Blick folgten die am Ufer Harren=
den der Bewegung der kleinen Flotte der Conföderation. In
ziemlich deutlicher Ferne lagen in der ruhigen Bai die mäch=
tigen Schiffe der Union, auf deren Masten die kleinen Flag=
gen lustig flatterten. Weit voran, als vorgeschobener Posten,
lag die Fregatte Cumberland von 40 Kanonen, etwas weiter
rechts schaukelte sich die stolze Fregatte Congreß, während
etwas tiefer der majestätische Bau der Minnesota und ihr
zur Seite mehrere kleine Dampfer sich zeigten. Im Hinter=
grunde zeichneten sich die Masten der Kauffahrteischiffe am
blauen Horizont. Auf den feindlichen Schiffen wurden jetzt
Flaggen mit großer Schnelligkeit gewechselt und gaben unsern
Leuten die Gewißheit, daß unsere Annäherung den Feind nicht
unerwartet antraf. Auf einmal tönte ein mächtiger Kanonen=
schuß aus einer der Pforten der Minnesota als Signal für
sämmtliche Schiffe, während eine Flagge sich entfaltete, welche
das Signal der Gefahr war; alle kleinern Schiffe eilten jetzt
wie aufgescheuchte Vögel, Schutz und Sicherheit unter den
gewaltigen Kanonenreihen des Forts Monroe suchend. Auf
den feindlichen Fregatten wurde eine ganz außergewöhnliche
Thätigkeit bemerkbar. Sämmtliche Stückpforten öffneten sich,
die Kanonenschlünde streckten ihre drohenden Mündungen hervor
und verkündeten, daß man entschlossen sei, die Einladung an=
zunehmen. Als unsere Schiffe sich den feindlichen auf Schuß=
weite genähert hatten, blieben die kleinen Kanonenboote zurück
und nur der Merrimac bewegte sich ruhig vorwärts. Kaum
befand er sich dem Congreß gegenüber, als er diesem eine
Breitseite gab, welche von diesem und den Strandbatterien
mit großer Lebhaftigkeit erwidert wurde. Ohne Erfolg; die
feindlichen Kugeln prallten von dem Eisenpanzer des Merri=
mac ab, als ob man Erbsen auf ein dickes Glas geworfen hätte.
Ohne von dieser Erwiderung die geringste Notiz zu nehmen,
dampfte er gegen die Fregatte Cumberland, die er zum Ver=

berben ausersehen hatte. Als er sich dieser auf 40 Schritt
genähert hatte, konnte die Bemannung ganz deutlich die
Unterredungen auf dem feindlichen Schiffe hören. „Ah gut,
hier kommt eins; wie zum Teufel sieht das Ding aus? was
mag es wollen?" In diesem Augenblick jedoch ertönte das
Commando auf dem Merrimac und eine jener cylinderartigen
Riesenkugeln fuhr der Länge nach über das feindliche Deck,
alles töbtend und zerstörend, was sich ihr im Wege befand.
Dann beschrieb er einen kleinen Kreis und legte sich mit der
Spitze gegen die breite Seite des feindlichen Schiffes. Der
Kapitän desselben eröffnet aus allen Batterien ein Feuer auf
ben in kurzer Entfernung liegenden Merrimac; ohnmächtig
prallen die Kugeln ab; jetzt bewegt sich der Koloß, langsam
geht er auf die feindliche Fregatte vorwärts, die vergebens
aus ihren Batterien ein höllisches Feuer unterhält. Jetzt erreicht die Spitze des Merrimac die Wand der Fregatte, jetzt
kracht und bricht es, wie ein Betrunkener wankt jenes vor
wenigen Minuten noch so stattliche Schiff umher. Trotz des
verzweifelten Augenblicks und des fast gewissen Unterganges
läßt der feindliche Kapitän das Feuer fortsetzen. Schon neigt
sich die Fregatte tiefer und tiefer, die Wogen schlagen zu den
Stückpforten hinein, dann hebt sie sich von neuem, noch
einmal speien die obern Batterien Feuer, jetzt legt sie sich
auf die Seite und mit flatternder Flagge sinkt das schöne,
stolze Schiff mit seiner heldenmüthigen Bemannung auf den
Grund des Meeres. Kein Laut, kein Schrei wurde vernommen; es schien, als ob die Wogen etwas stärker schlügen,
doch nur auf wenige Augenblicke, dann wälzten sie sich wieder
ruhig, als wäre nichts geschehen, über jene Stelle, an der
das Schiff verschwunden war. Welch herbes Gefühl mag sich
der Bemannung der andern Schiffe der Union in dem Augenblicke bemächtigt haben, als sie bei ruhigem Wetter, bei
stiller See, in der prächtigen Bai durch den unheilvollen

Stoß dieses Ungethüms das schöne Schiff sammt der ganzen Mannschaft sinken sahen! Allein trotzdem behielt der Congreß seine Stellung bei und bereitete sich vor, die Ehre seiner Flagge zu vertheidigen. Kaum war das erste Werk der Zerstörung vollbracht, so dampfte auch der Merrimac gegen den Congreß hin; allein nach wenigen Minuten hatte er mit seichtem Wasser zu kämpfen und mußte alle möglichen Manöver anwenden, um vorwärts zu kommen. Als er bemerkte, daß es nicht möglich sei, sich der feindlichen Fregatte zu nähern, eröffnete er ein fürchterliches Feuer auf dieselbe. Die mächtigen Wurfgeschosse durchbohrten sie auf beiden Seiten und hatten binnen kurzem eine so gewaltige Verheerung auf derselben angerichtet, daß der Kapitän, um der schrecklichen Zerstörung zu entgehen, die Capitulationsflagge aufhißte. Sofort ließ Buchanan das Feuer auf dem Merrimac einstellen und signalisirte dem Kanonenboot Beaufort, Lieutenant Parker, sich nach dem feindlichen Schiffe zu begeben und dessen Flagge sowie sämmtliche Bemannung und Offiziere zu übernehmen. Kapitän Smith und Lieutenant Pendergraft von der Fregatte Congreß erbaten sich nach der Uebergabe die Erlaubniß, auf dem Schiffe bleiben zu dürfen, um für die Verwundeten Sorge zu tragen, was auch Buchanan gern erlaubte. Unverantwortlicherweise unterhielten die Landbatterien, während die Uebergabe stattfand, ein heftiges Feuer auf das Kanonenboot Beaufort, und obgleich niemand auf demselben getödtet wurde, gerieth Kapitän Buchanan hierüber in einen solchen Zorn, daß er den Congreß mit glühenden Kugeln zu beschießen und denselben zu vernichten befahl. Das unrühmliche Feuer wird trotz der Uebergabe des Schiffes eröffnet. Im selben Augenblick wurde Buchanan durch eine Miniekugel am Fuße verwundet; er ist gezwungen, das Commando dem ersten Lieutenant Jones zu übertragen, jedoch mit dem strengen Befehl, den Congreß ohne Gnade zu vernichten.

Dieser, ein treuer Diener seines Herrn, führte die unwür=
dige Aufgabe aus, und vergebens bemühen sich die Fregatten
Minnesota, Roanoke, Lawrence auf alle mögliche Weise,
ihrem Kameraden zu helfen; alles ist umsonst, der Congreß
ist dem Verderben verfallen. Eine ungeheuere Aufregung
hatte sich der Zuschauer am Ufer bemächtigt. Zu Tausenden
waren die Neugierigen aus weiter Ferne herbeigeeilt, zwei
stolze, feindliche Fregatten hatte unser eiserner Koloß bereits
vernichtet und den nächsten Tag mußte er ohne Zweifel die
andern in den Grund bohren. Man war von dem Erfolge
so überzeugt, daß man schon von den Vorkehrungen sprach,
welche getroffen werden müßten, wenn nun der Hafen jetzt
eröffnet wäre; kurz, unser Publikum sah sich schon in Europa,
die Kaufleute waren bereits am Handeln, während der Mer=
rimac vor Washington stand und dort alles in Grund und
Boden schoß. Niemand konnte die Nacht schlafen, die meisten
campirten unter freiem Himmel an dem Ufer und erwarteten
mit Ungeduld den kommenden Tag und die Wiederaufnahme
des Kampfes. Endlich brach die Morgenröthe an, die Masse
der Zuschauer war noch größer als am vergangenen Tage.
Die feindlichen Fregatten Roanoke und Lawrence hatten sich
unter die Kanonen des Forts Monroe zurückgezogen und nur
die Minnesota lag draußen in der ruhigen Bai. Ihr zur
Seite lag auch ein merkwürdiges, kleines Ungethüm von
einem Schiffe, es hatte gar keine Form und guckte nicht an
jeder Seite der fürchterliche Schlund einer Kanone heraus,
man hätte es für einen umgeschlagenen Walfischfahrer halten
können. Der Merrimac dampfte unter dem tausendstimmigen
Jubel der am Ufer Harrenden seinem Gegner entgegen. Ka=
pitän Buchanan sandte seine leichten Kanonenboote Jamestown
und Yorktown voraus, um den Gegner zu untersuchen.
Vorsichtig näherten sich diese dem Fremdling, als plötzlich

zwei fürchterliche Kugeln über sie hinflogen und sie zur eiligen
Flucht bestimmten. Jetzt dampfte der Merrimac mit Wuth
gegen diesen kleinen Kerl und hoffte ihn durch den Druck
seines Gewichtes in den Grund zu bohren; schon hatte er sich
ihm auf 30 Schritt genähert und hoffte ihm einen Stoß zu
versetzen; doch flink wie ein Fisch entschlüpfte der Monitor
und gab dem Merrimac eine seiner Kugeln zu probiren,
welche ihm bewiesen, daß er einen ebenbürtigen Gegner vor
sich habe. Langsam legte sich jetzt der Merrimac vor seinen
kleinen Feind und beide eröffneten ein Feuer, wie es niemals
vorher zur See angewandt wurde. Hundertpfündige runde
und hundertundzwanzigpfündige Armstrongkugeln wurden auf
eine Entfernung von 150 Schritt geschleudert; nichts half,
machtlos prallten die Geschosse an den eisengepanzerten Wän-
den ab. Schon währte dieser fruchtlose Geschützkampf mehrere Stunden, ohne ein Resultat zu erzielen, da versuchte
der Merrimac, nochmals mit voller Kraft gegen den Feind
anlaufend, denselben in den Grund zu bohren. Doch mit
einem flinken Manöver wich der kurze Monitor aus und gab
dem Merrimac eine Kugel, welche durch eine Stückpforte
drang und Tod und Verderben im Innern des Schiffes verbreitete. Mit wahrer Wuth eröffnete jetzt der Merrimac
sein Feuer, welches jedoch mit Ruhe und Besonnenheit vom
Monitor erwidert wurde. Erst als der Kapitän des Merrimac sah, daß er diesem kleinen gewandten Gegner nichts an-
haben könne, wandte er sich, überließ demselben das Schlachtfeld und dampfte gegen Norfolk. Die Menge, welche vom
Ufer aus dem Kampfe zugesehen hatte, konnte nicht begreifen, daß der Merrimac nicht mit diesem kleinen Ding
hatte fertig werden können, und als sie das wahre Sach-
verhältniß vernommen, als sie hörte, daß der Gegner auch
ein eisengepanzertes Schiff habe, welches dem großen Merrimac den Ausgang aus dem Hafen streitig machte, da ver-

wünschte sie den Merrimac und den Flottenminister dazu, weil er nicht gleich ein paar solche Schiffe gebaut habe, um damit den Hafen zu öffnen. Zum großen Glück lenkten die Bewegungen der Armee M'Clellan's jene Politiker bald auf einen andern Punkt hin.

13.

Zerstörung des Merrimac.

General M'Clellan's Plan. Die Conföderirten sammeln sich auf der
Peninsula unter General Magruder. Rüstungen auf beiden Seiten.
M'Clellan's Plan wird verrathen. Die Regierung unterstützt ihn nicht.
Er versammelt seine Truppen in Monroe. Entsetzen in Richmond. Die
Frau des Präsidenten. General Huger zerstört die Werke von Ports-
mouth. Befehl an den Commodore Tatnall. Die Unionstruppen be-
setzen Portsmouth. Der Merrimac soll nach Neuport. Kriegsrath auf
dem Merrimac. Beschluß der Offiziere. Der Merrimac wird erleich-
tert. Wie das Schiff unten beschaffen ist. Feindliche Schiffe erscheinen.
Rettung der Mannschaft. Feuer. Der Merrimac fliegt in die Luft.
Moralischer Sieg der Unionstruppen.

Es war schon lange kein Geheimniß mehr, daß M'Clellan
seine Operationen auf die Peninsula verlegen wolle. In aller
Eile wurden deshalb Truppen über Truppen auf dieselbe gesandt, und General Magruder erhielt Befehl, Yorktown und
Williamsburg in einen solchen Vertheidigungsstand zu setzen,
daß beide im Nothfalle eine längere Belagerung aushalten
könnten. General Magruder, der schon längere Zeit auf der
Peninsula im Commando war, säumte nicht lange, die ihm
gewordenen Befehle in Ausführung zu bringen, und bald war
Yorktown in einen solchen Zustand gesetzt, daß es selbst einer
größern Armee länger widerstehen konnte. Man kann sich
leicht vorstellen, wie schmerzlich es den General M'Clellan

berührt haben muß, als er hörte, unsere Truppen hätten Ma=
naffas freiwillig aufgegeben. Seinen Plan, das Resultat seines
Denken, das er so geheim als möglich gehalten und das er
später durch politische und neidische Umtriebe zu erläutern ge=
zwungen war, sah er jetzt vereitelt; alles war durch die Un=
vorsichtigkeit einiger Herren in Washington bekannt gewor=
ben und durch die zahlreichen Spione unsers Präsidenten dem
Gouvernement in Richmond verrathen, welches somit Zeit
hatte, demgemäß zu handeln. Da unsere Generale mehrere
Wochen um den Plan M'Clellan's wußten, so konnten sie
ihre Anordnungen so geheimnißvoll treffen, daß unsere frei=
willige Aufgabe von Manassas jeden in Erstaunen setzen
mußte. Wäre jener geniale, großartige Plan M'Clellan's ein
Geheimniß geblieben und hätte ihn die Regierung mit allen
ihr möglichen Kräften unterstützt, der Erfolg wäre glänzend
gewesen und jener unselige Krieg wäre wol schon lange be=
endet. Aber, wie gesagt, jene Herren in Washington handel=
ten mit zu wenig Ueberlegung. und wie sie durch ihren Leicht=
sinn die Unglückstage von Bull=Run und Manassas herauf=
beschworen hatten, so handelten sie jetzt wieder und vereitelten
badurch die Erfolge, die M'Clellan so gut wie in den Hän=
ben hatte. Dieser Feldherr, welcher jetzt, nachdem sein
Plan einmal bekannt war, nicht mehr nöthig hatte, ihn zu
maskiren, betrieb die Ueberschiffung seiner Truppen mit dem
Eifer und der Energie, die ihm überhaupt eigenthümlich sind.
In kurzem hatte er eine Flotte zu Alexandria versammelt — bie
birecte Wasserstraße, den Jamesfluß aufwärts, konnte er nicht
einschlagen, weil sie von dem Merrimac blokirt war, und be=
gann die Ueberfahrt seiner Truppen nach Fort Monroe, um
von da auf dem Landwege nach Richmond zu eilen. Die
Unionsregierung that alles, um seine ohnehin schwierige Auf=
gabe geradezu unausführbar zu machen. So nahm sie ihm
das M'Dowell'sche Corps von 3500 Mann und verdammte

daſſelbe zu einer Unthätigkeit, welche die ganze Schuld der für die Union ſo unheilvollen Ereigniſſe zu tragen hat. Endlich hatte M'Clellan ſein bedeutend vermindertes Heer unter den Mauern von Fort Monroe verſammelt und ſofort beſchloß er, den geraden Weg nach Yorktown mit dem größten Theil des Heeres zu nehmen, während die Flotte einen Theil deſſelben den Yorkfluß hinaufbringen ſollte, um unſerer Armee den Rückzug zu erſchweren. Kaum hatten ſich die erſten Nachrichten von den Operationen M'Clellan's auf der Peninſula verbreitet, als alles weit und breit von Furcht und Entſetzen ſchwer betroffen wurde. Die Verwirrung, welche in Richmond und der ganzen Peninſula einriß, grenzte an Wahnſinn, und obgleich die Regierung ſchon ſeit Wochen von dem Plane M'Clellan's Kenntniß hatte, wirkte doch ſeine Landung bei Fort Monroe wie ein Donnerſchlag. Die widerſinnigſten Befehle wurden ertheilt, und die Hauptſchuld an dem Schrecken der Bewohner Richmonds trägt Jefferſon Davis und ſeine Frau. Kaum hatten dieſe ſichere Kunde von dem Herannahen des Feindes, ſo trafen ſie nicht nur alle Anſtalten, ihre Familie in Sicherheit zu bringen, ſondern nahmen beſonders darauf Bedacht, jenes werthvolle Eigenthum, welches die Stadt dem Präſidenten zur Verfügung geſtellt hatte und welches in Silberſachen, Kunſtgegenſtänden, Gemälden, Porzellan beſtand, gleich nach Nordcarolina zu ſchaffen. Nicht allein, daß Jefferſon Davis und ſeine Frau hierdurch die Bürger ängſtigten, war man auch empört darüber, daß er dieſes Eigenthum, welches ihm nur ſo lange gehörte, als er in Richmond war, mit fortſchleppte. Allein in der Eile ließ Frau Davis ſogar noch Vorhänge und Teppiche abnehmen, und zahlloſe, mächtige Kiſten wanderten aus des Präſidenten Haus nach Nordcarolina. Wo war da die Hochherzigkeit, wo der allesaufopfernde Muth, den man doch wol von dem gewählten Volksvertreter freier Bürger erwarten darf? Jene

Muthlosigkeit, die sich des Präsidenten bemächtigte, theilte sich seinen gesammten Freunden mit, und diejenigen, welche, weniger glücklich als er, nichts zu packen hatten, schafften wenigstens ihr eigenes Ich in Sicherheit. Kurz alle, die kein reines Gewissen hatten, suchten sich zu trollen. Daß ein schreckliches Durcheinander in sämmtlichen Bureaux einriß, kann man denken. Regierungsgüter wurden nach Nordcarolina befördert, die Banknotenpresse nach Columbia gebracht ja, die Kriegs = und Flottenminister Randolf und Mallorh eilten schon nach Norfolk und Portsmouth, aber nicht etwa um Anstalten zu treffen, noch zu retten, was zu retten war, sondern nur, um alles zu zerstören. So rückte der Tag heran, der für die Conföderation ein wahrer Begräbnißtag werden sollte. General Huger erhielt den Schergenauftrag, die von der conföderirten Regierung neuerrichteten Schiffswerfte aufs neue zu zerstören. Obgleich 30000 Mann Truppen in und um Norfolk lagen, wurden die Schiffswerfte dem Verderben geopfert. General Huger war ganz der Mann für diesen Auftrag. Die Sache wurde mit solchem Eifer betrieben und in solcher Eile ausgeführt, daß der Werth von Millionen, die leicht gerettet werden konnten, leichtsinnig aufgegeben wurde. Ja man hatte sich so beeilt, daß man den in der Bai liegenden Merrimac gänzlich vergessen hatte. Nachdem der Kriegsminister dem General Huger den Befehl gegeben hatte, Portsmouth zu zerstören, säumte der Flottenminister nicht, dem Commodore Tatnall vom Merrimac den Auftrag zu ertheilen, die kleinern Schiffe nach Richmond hinaufzusenden und dann mit dem Merrimac auszulaufen, nach Neuyork zu segeln, dort sämmtliche Kauffahrer zu zerstören und, wenn das vollbracht, sich mit dem Merrimac in die Luft zu sprengen. Man sieht, auf großartige Befehle kam es weder dem Kriegs = noch dem Flottenminister an. Der Befehl des erstern wurde sehr pünktlich ausgeführt; es ist ja viel leichter, ein Feigling als ein tapferer

Mann zu sein, und es galt ja nur, ein Brandgeschäft abzu=
machen, welches jedoch mit solcher Eile betrieben wurde, als
stände M'Clellan, der gefürchtete, schon vor den Thoren von
Portsmouth. Sobald unsere Truppen ihr Feuergeschäft abge=
macht hatten, zogen sie sich auf Suffolk und Petersburg zurück.
Kaum verkündeten die Flammensäulen der Schiffswerfte dem
zu Monroe liegenden Unionsgeneral Wool den Abzug unserer
Truppen, als er nicht zögerte, jenen so feige verlassenen Platz
in Besitz zu nehmen. Wol sagte man, als er die Befesti=
gungswerke inspicirte, daß man sich hier gegen 30000 Mann
monatelang hätte halten können; allein das sind Worte und
keine Thaten. Die tapfern Commandanten und die ent=
schlossene Mannschaft der Unionsfregatten Cumberland und
Congreß hatten keine Worte, aber sie lieferten ein Beispiel,
wie tapfere Männer zu sterben wissen. Solange die Flotte
der Vereinigten Staaten existiren wird, muß diese heroische
That eine der schönsten Zierden ihrer Geschichte bilden. Also
Norfolk und Portsmouth waren von unsern Truppen aufge=
geben und nur noch der stolze Merrimac lag draußen in der
Bai und erwartete, ruhig sich schaukelnd, sein Urtheil. Als ob
er ahnte, welch trauriges Loos ihm, dem wackern Kämpen,
noch bevorstände, wiegte er sich traurig auf den kleinen Wellen,
welche ihn spielend schaukelten. Die noch vor wenigen Tagen
so siegestrunkene Flagge der Conföderation hing schlaff und
gleichsam beschämt vom Maste. Unruhig eilte der brave
Commodore Tatnall von einem Ende des Schiffes zum an•
dern und wußte nicht recht, was er mit seiner Ordre beginnen
sollte. Ein Seegefecht liefern, ist recht schön, aber nach Neu=
york gehen und die Kauffarteischiffe in den Grund bohren
und dann Feuer in die eigene Pulverkammer werfen, um sich
selbst zu zerstören, das sind großartige Befehle, sie lassen sich
nur nicht recht ausführen.
Wir leben im 19. Jahrhundert, in dem das Leben immer

hin noch einigen Reiz und Werth hat. Ich kann es dem Commodore nicht verdenken, wenn er unruhig hin- und her- eilte; hätte die Bemannung des Schiffes nur die geringste Idee von der Depesche des Flottenministers gehabt, sie wäre sicher bei hellem lichten Tage davongelaufen. Ja, ja, zwi- schen einem tollen Befehl und der kalten Ausführung ist ein großer Unterschied. Die Flotte in Neuyork zerstören, das thäte sich wol noch, auch noch einmal zwei hölzerne Schiffe wie Cumberland und Congreß in den Grund bohren, aber sich selbst in die schönen, blauen Lüfte sprengen — nein, Herr Mallory, das ist ganz was anderes! Man sage ja nicht, daß so eine tabackkauende Theerjacke keine Vernunft habe, ich bin fest überzeugt, die Kerle rochen die Ordre des Marinemini- sters in der Tasche ihres Commandanten, denn sie umkreisten ihn so mistrauisch, ja manche von ihnen brachten schon ihre Effecten in Sicherheit, und so ist die Vermuthung wol ge- rechtfertigt, daß sie auf irgendeine Weise Wind von der Sache bekommen hatten. Als die Flammensäulen von Portsmouth zum Himmel stiegen, stürzten die Matrosen des Merrimac aufs Deck, um dieses gräßliche Schauspiel zu betrachten; der Kapitän Tatnall berief seine Offiziere sowie den Oberpilo- ten und Chefingenieur in sein Kabinet, um Kriegsrath zu halten. Mit pochendem Herzen traten diese ein und erwarte- ten die Anrede ihres Commandanten, welcher sie auch sofort mit der erhaltenen Ordre bekannt machte. Er sei gern be- reit, sich der Majorität der Offiziere anzuschließen; folgende Fragen hätten sie nach reiflicher Erwägung jetzt zu beant- worten:

Sind die Offiziere des Merrimac entschlossen, denselben nach Neuyork zu bringen und dort ihren Auftrag zu voll- ziehen? Antwort: Ja.

Ist der Merrimac so gebaut, daß er das Feuer der gesamm- ten Batterien des Fort Monroe aushalten kann? Antwort: Nein.

Ist die Maschine des Merrimac in einem solchen Zustande, daß sie, falls die Befestigungen Monroes glücklich passirt würden, eine etwas stürmische See aushalten kann? Antwort: Nein.

Sind die Offiziere entschlossen, falls sie dennoch ihre Ordre erfüllen sollten, das Schiff selbst zu zerstören? Antwort: Nein.

„Gut", sagte der Commandant; „dann entschließen Sie sich sofort zu einem Plan, wie und auf welche Weise das Schiff der Regierung erhalten werden kann. Aber beeilen wir uns, meine Herren, Portsmouth brennt, und es ist sehr leicht möglich, daß wir bald feindliche Schiffe auf den Hals bekommen." — Eilig traten die Offiziere und Piloten zusammen, und nach einigem heftigen Hin- und Herreden kamen die Herren so weit ins Reine, daß sie beschlossen, die Ordre des Navyministers nicht zu respectiren. Die Piloten versicherten, daß, wenn man das Schiff 7—8 Fuß erleichtern könnte, es vielleicht 31 Meilen den Jamesfluß aufwärts zu bringen sei, wo es ausgezeichnete Dienste in der Vertheidigung des Flusses leisten würde. Kaum war dieses dem Commandanten mitgetheilt, als er auch sofort der Besatzung befahl, das Schiff zu erleichtern. Die ganze Nacht wurde unermüdlich gearbeitet, Ketten, Anker, Eisen, Kanonen, alles wurde über Bord geworfen, und als das Schiff sich um 8 Fuß hob, da war es kein eisengepanzertes mehr, sondern der Theil, der im Wasser lag, war völlig unbeschützt; dem Monitor gegenüber war das Schiff also völlig wehrlos. Kaum machten die Offiziere diese traurige Bemerkung, als sich auch an der Einfahrt der Bai schon feindliche Schiffe zeigten. Der Commodore erkannte sofort seine verzweifelte Lage und gab augenblicklich Befehl, die Boote ins Meer zu lassen. In Eile wurde der größte Theil der 340 Köpfe zählenden Mannschaft ans Land gesetzt; kaum waren die letzten Boote abgegangen, so erfolgte auch schon der Befehl, das Schiff in Brand zu stecken. Das Werk der Zerstörung ging rascher von

statten, als man hätte denken sollen. In wenigen Augen=
blicken drangen aus allen Oeffnungen schwere, dicke Rauch=
wolken, und feurige Flammen leckten an den Stückpforten,
die Kanonen entluden sich nach und nach, und in wenigen
Minuten stand jener stattliche Bau, jenes erhabene Werk
menschlicher Intelligenz, jener stolze Sieger und Vernichter
der beiden feindlichen Fregatten in ein Feuermeer eingehüllt.
Hätten die beiden heldenmüthigen Kapitäne, welche sich mit
ihren Schiffen Cumberland und Congreß in den Wellen be=
graben ließen, in diesem Augenblick ihren vor wenig Tagen noch
so entsetzlichen Feind so feige, so unseemännisch sich selbst ver=
nichten sehen, sie hätten mit Freuden noch ein zweites Leben
geopfert.

Welche ungleiche Scenen, dort die Todesverachtung, der
kaltblütige Stolz, der die Offiziere und Mannschaften der
Unionsschiffe beseelte, hier das feige Benehmen, die klein=
müthige Furcht der gesammten Mannschaft. Da ertönt ein
fürchterliches Krachen, die Wogen heben sich haushoch, das
Feuer hatte in der Pulverkammer gezündet und mit einem
entsetzlichen Knall flog das königliche Schiff, dem das Volk
den Namen Virginia gegeben hatte, in tausend Trümmer.
Sein schmähliches, unrühmliches Ende wird die Erinnerung
an die geleisteten Thaten verwischen. Nun hatte die Flotte
der Union nichts mehr zu fürchten, ein eisengepanzertes Schiff
der Conföderation existirte nicht mehr.

14.

Die Schlacht von Fair-Oaks.

Zustand der conföderirten Armee. General Lee bringt Verstärkung. Ein Parlamentär M'Clellan's. Humanität der Feinde. Abscheuliches Benehmen einiger conföderirten Offiziere. Heldenthat eines Majors. Bewegungen der Feinde. Die Conföderirten erholen sich. Krankheiten in Richmond. Angriff von General Hill I. Anderson unterstützt ihn. Der feindliche Anführer fällt. Allgemeine Flucht. Unsere Cavalerie. General Heintzelmann. Tapferkeit der Irländer und Deutschen. General Summer zerstreut die Brigade Pickett. Die Conföderirten weichen. Vergebliche Anstrengungen. Flucht. Großer Verlust. General M'Clellan, Sieger von Fair-Oaks.

Mit ungeheuerm Verluste hatten unsere Truppen ihren Rückzug gegen Richmond ausgeführt, wo ihnen General Lee Verstärkungen und damit zugleich wieder Muth und Vertrauen brachte. Die Soldaten waren jedoch durch die angestrengten Märsche vor dem unermüdlich verfolgenden Feinde und vollends durch die schlechten Verpflegungsanstalten so heruntergekommen, daß sie wie schleichende Gespenster einherwankten. Wege, Transportmittel, kurz, alles war in einem so miserabeln Zustande, daß selbst dem Bravsten das Vertrauen auf guten Erfolg dieses unheilvollen Krieges schwand. Was halfen alle Opfer unserer gewiß braven Soldaten, wenn die ersten Vertreter der Nation eigensüchtige Zwecke verfolgten.

Wie konnten die Krieger auf einen guten Ausgang hoffen, wenn der erste Bürger des Staates, Jefferson Davis, statt die Leiden und Beschwerden der Soldaten kennen zu lernen und für Abhülfe zu sorgen, nur allein daran dachte, sein Privateigenthum zu retten! Die Vertreter des Landes selbst saßen im Capitol und schacherten um den Preis ihres ruhigen, bequemen Lebens. Ich will durchaus nicht sagen, daß sie alle so waren, es gab gewiß genug wahre Patrioten unter ihnen, die sich fern von jenem Gesindel hielten, allein sie waren zu ohnmächtig, dem Unheil zu steuern, welches in alle Schichten der Gesellschaft einzureißen drohte. Sie konnten nur ihre Blicke nach oben senden und tief in ihrem Innern fragen, ob Gott sich nicht all des Elends erbarmen und diesen Niederträchtigkeiten ein Ziel setzen wolle.

Unterdessen zog unsere geschlagene, demoralisirte Armee gegen Richmond. General Lee, das entsetzliche Unglück erwägend, wies den fliehenden Divisionen in der Nähe Lager- und Ruheplätze an, um durch aufmerksame Sorge die tiefen Wunden zu heilen. Ich hatte unterdessen mit meinem Regiment die Aufgabe, den äußersten vorgeschobenen Posten einzunehmen und mit aller Vorsicht und Aufmerksamkeit das Vorbringen der Feinde zu beobachten. Ich hatte den bestimmten Befehl, mich nur defensiv zu verhalten und jedes unnütze Gefecht zu vermeiden. Kaum kehrte ich von der Visitation meiner Vorposten zurück, als mir ein feindlicher Parlamentär gemeldet wurde. Sofort ritt ich die Straße hinauf, wo ich einen Offizier vorfand, mit dem Ersuchen M'Clellan's, für unsere in ungeheurer Anzahl schwerverwundeten Soldaten das nöthige ärztliche Personal zu senden, da die Zahl seiner Aerzte zu gering sei, die Sorge für alle zu übernehmen. Dieser Antrag verrieth ein echtes, braves Soldatenherz, und obwol ich jenen General nie gesehen, empfand ich Verehrung für den, der auch dem verwundeten Feinde so viel Aufmerksamkeit schenkte. Sofort sandte ich einen meiner Offiziere nach dem Hauptquartiere Johnstone's, um ihn von dem Vorfalle Kenntniß zu geben. Schon nach kurzer Zeit kamen Personaladjutanten Johnstone's mit der Nachricht, daß dieser gern von M'Clellan's freundlichem Anerbieten Gebrauch machen und sofort einige Aerzte zur Hülfeleistung nach Williamsburg senden werde. Dieses ritterliche Betragen des feindlichen Heerführers erregte unter unsern Truppen eine wahre Begeisterung, denn es gab manche auf unserer Seite, die in den dichten Wäldern Vater, Sohn oder Bruder fallen sahen und, selbst zur Flucht genöthigt, keine Zeit hatten, ihnen beizustehen. Unsere Regierung und ihre Journale konnten nie genug von der Grausamkeit erzählen, mit der die Feinde unsere Verwundeten und Gefangenen behandelten, ja mehrere unserer Offiziere hätten bei ihrem Abzuge von Yorktown die Abscheulichkeit so weit getrieben, verschiedene Plätze, besonders Brunnen, aus Rache mit s. g. Torpedos zu garniren, um dem siegenden Feinde hierdurch Schaden zuzufügen. Ja Major ... hatte seine heimtückische Courage so weit getrieben, in seiner Wohnung die Ofenröhren mit Pulver voll zu stopfen, sodaß, wenn die durch Nässe und Müdigkeit ermatteten Truppen sich Feuer machen wollten, sie durch die Explosion verunglückten. Einige Tage später brachten in der That die Journale Richmonds die Nachricht von der Explosion dieses Ofens, wobei acht Offiziere getödtet worden seien. Ob dieses wahr ist, weiß ich nicht; ich hörte jedoch das Heldenstückchen aus dem Munde jenes Majors selbst.

Wenn die Feinde, die M'Clellan in den Vereinigten Staaten hatte, es unerklärlich fanden, daß wir so viele Sympathien für diesen feindlichen General hegten, so finden wir dagegen nichts einfacher und natürlicher als das. Er zwang uns unsere Achtung nicht allein mit dem Schwerte in der Hand ab, er gewann sie besonders durch den Edelmuth,

mit welchem er stets feindliches Eigenthum beschützte, durch die
Menschenfreundlichkeit, die er den Gefangenen erwies, die das
Schicksal in seine Hand gegeben hatte.

Nach einer Weile kam bereits eine Anzahl Aerzte daher=
geritten, welche sich in Begleitung einer feindlichen Bedeckung
nach Williamsburg begaben, das sie vor wenig Tagen noch
so unfreiwillig verlassen hatten. Unterdessen marschirte General
M'Clellan mit seinen Truppen den Yorkfluß hinauf, um sich
mit dem zu Westpoint ausgeschifften Corps des Generals Keyes
zu vereinigen und Plane und Arbeiten auszuführen, die eine
Belagerung Richmonds erheischten. Wir hatten infolge dessen
vollkommen Zeit, unsere zerrüttete Armee von neuem zu or=
ganisiren und große Truppenmassen aus allen Gegenden her=
beizuziehen. Die Staaten Nord = und Südcarolina wurden
völlig von allen Truppen entblößt, denn das ganze Augen=
merk richtete sich jetzt auf Richmond, man wußte schon,
daß sich dort das Drama entwickeln werde. Aber auch der
feindliche Obergeneral hatte Erholung nöthig, da seine
Truppen durch das schlechte Wetter und verheerende Krank=
heiten schrecklich gelitten hatten. Unermüdet arbeitete er an
dem Plane, Richmond zu nehmen und alle hierauf bezüglichen
Maßregeln waren mit großer Umsicht getroffen. Wie zwei
zum Sprunge bereite Löwen lagen sich hier Norden und
Süden gegenüber, jeder des andern Bewegungen beobachtend,
jeder zur Vertheidigung, keiner zum Angriffe geneigt. Allmäh=
lich stellte sich jetzt das warme Wetter ein und Felder und
Straßen kamen in einen Zustand, der das Manövriren größe=
rer Truppentheile möglich machte. So nahte bereits der Mai
seinem Ende und noch immer lagen die feindlichen Armeen
sich gegenüber, nur in kleinen Scharmützeln und Vorposten=
gefechten sich versuchend. In seinem Gefolge hatte das Früh=
jahr schreckliche Krankheiten: heftige, anhaltende Fieber, deren
Bösartigkeit durch die sumpfige Gegend noch vermehrt wurde.

Die Verheerungen derselben nahmen solche Dimensionen an, daß General Johnstone oftmals bedenklich sein Haupt schüttelte. In Richmond hatte man nicht genug Leute zum Beerdigen, zu Hunderten lagen die Leichen auf dem Friedhofe aufeinander geschichtet, auf welche die Sonne so mächtig ihre glühenden Strahlen sandte, daß sie schon nach wenigen Stunden total in Verwesung übergingen und durch ihren miasmatischen Gestank meilenweit die Luft verpesteten. Der Gesundheitszustand war entsetzlich und die Aerzte prophezeiten Richmond schreckliche Tage. Fast verzweifelnd sah Johnstone seine tapfere Armee so ruhmlos ins Grab sinken und entschloß sich, bevor das Schlimmste einträte, zu einem Angriff auf den verschanzten Gegner. Rasch wurden die dazu verwendbaren Heertheile herangezogen und am 31. Mai, während eines unheilvoll grollenden Gewitters, griff Johnstone die Feinde an, welche ihre Stellung auf beiden Seiten des Chikahominy genommen hatten. Mit Ungestüm eröffnete General Hill I. seinen Angriff auf den linken Flügel, welcher sich in einer gutbefestigten Stellung tapfer vertheidigte. Vergebens sind Hill's Anstrengungen, jenen Posten zu nehmen; doch jetzt rückt Anderson mit seiner Division und zwei Batterien zur Unterstützung herbei. Ein verzweifelter Kampf wird hierdurch herbeigeführt, der feindliche Befehlshaber vertheidigt sich mit vieler Bravour, auf allen Seiten liegen Todte und Verwundete in großen Haufen; Anderson läßt seine beiden Batterien so postiren, daß sich ihr Feuer kreuzt, und unter ihrem Schutze führt er seine Truppen nochmals zum Angriff. Am heftigsten wird der Kampf an den Brustwehren der festen Stellung, während die Batterien ein lebhaftes Feuer unterhalten und dadurch jede Unterstützung unmöglich machen. Die Feinde wehren sich wie Verzweifelte, jeder Fuß breit wird mit einer Hartnäckigkeit vertheidigt, die ihres gleichen sucht; schon fließt das Blut in Strömen und noch immer ist auf diesem Punkte kein Resultat erzielt. Kaltblütig fordert der feindliche Anführer seine Truppen zur Ausdauer auf, und diese lassen sich bei ihren Geschützen in Stücke hauen, doch sie weichen nicht. Da wird, von einem tödlichen Geschoß getroffen, dieser Anführer niedergeschmettert; mit seinem Fall beginnt der Muth seiner Leute zu wanken, sie weichen und die Conföderirten bemächtigen sich bereits der so tapfer behaupteten Position. Noch ein heftiger Angriff, die Feinde sind aus ihrer Stellung vertrieben und weichen in regelloser Flucht. Sofort beordert nun General Johnstone unsere Cavalerie zum Einhauen, und General Wickham führt darauf seine Reiterregimenter zur Attake. Wie ein Zug wilder Raubvögel fliegen sie dahin, Tod und Verderben in ihrem Gefolge führend. Eine entsetzliche Furcht bemächtigt sich dadurch der Feinde und sie fangen bereits auf der ganzen Linie an zu weichen. Vergebens eilen Keyes und Nagler, die feindlichen Generale, herbei, um die Truppen zum Stehen zu bringen, vergebens ist ihr Muth und ihre Kaltblütigkeit, die Truppen sind nicht mehr zu halten und selbst die beiden Generale schweben in der größten Gefahr. Da stürzt General Heintzelmann mit seiner Division zur Rettung herbei. Wie ein Fels, gegen den der Sturm vergebens seine Gewalt versucht, stehen seine Truppen, Deutsche und Irländer fechten hier wie Helden, welche sich des Preises bewußt sind, den es hier gilt. Die verzweifelten Anstrengungen Hill's und Anderson's sind vergeblich, sie zerschellen an der ungebeugten Kraft dieser Streiter, die alle mit Wuth von unsern Truppen ausgeführten Angriffe zurückweisen. Unterdessen haben die entmuthigten Kameraden Zeit, sich zu sammeln, und nicht lange nachher bringen die vorhin noch fliehenden Truppen wieder vor, die Schlachtlinie ist wiederhergestellt und der Verzweiflungskampf beginnt von neuem. Sobald Anderson die Ueberzeugung gewonnen, daß er gegen jene eherne Mauer nichts auszurichten vermöge, gibt er der Brigade Pickett Befehl, die Feinde zu umgehen und zu versuchen, sie im Rücken zu fassen; bevor sie jedoch dies ausführen kann, stößt sie auf die feindliche Brigade Sumner, welche sich sofort mit gefälltem Bajonnet auf sie stürzt, während General Sumner eine Batterie vorfahren läßt und der conföderirten Brigade schreckliche Verluste beibringt. Pickett flieht und die Divisionen Anderson und Hill sind dadurch ebenfalls zum Weichen gezwungen. Umsonst eilt Johnstone mit den besten Truppen herbei, um die Schlacht zu erneuen; der Feind rückt mit großem Jubel vor und macht alle Anstrengungen zunichte. Vergebens machen die Generale Halt. Der Feind, unter Anführung Sumner's, stürzt sich auf die aller Fassung beraubten Truppen und drängt sie mit Gewalt gegen Fair-Oaks zurück; hier macht die Nacht dem Kampfe ein Ende.

15.

Die Schlacht bei Seven-Pines.

Ermüdung unserer Truppen. Neue Kameraden kommen an. General Johnstone und sein Sohn. Plan für den kommenden Tag. Erlebnisse der Nacht. Die Division Longstreet. Aufbruch. Vorpostengefecht. Der Feind rückt in dichten Colonnen vorwärts. Der Kampf beginnt. Die Brücken im Rücken des Feindes werden durch die Gewalt des Flusses fortgerissen. Johnstone's Angriffe. Tapferkeit der deutschen Regimenter. Schrecklicher Verlust der Conföderirten. General Johnstone will seine Schuldigkeit thun. Er führt seine Truppen persönlich ins Feuer. Im dichtesten Kugelregen ermuntert er seine Soldaten. Johnstone fällt. Wuth der Truppen. Die Feinde können ihren Angriffen nicht länger widerstehen. Sie weichen und der Tag von Seven-Pines gehört den Conföderirten. Gefühllosigkeit der ermüdeten Soldaten. General Lee's Thätigkeit und Sorge für die Verwundeten.

Fast zu Tode ermüdet von den fürchterlichen Anstrengungen des Tages, sanken die Truppen kraftlos zu Boden. Die Generale Johnstone, Lee und Longstreet gaben sich alle erdenkliche Mühe, den gesunkenen Muth der Leute zu beleben; größtentheils vergebens. Außerdem wurden alle möglichen Anordnungen zum Transporte der Schwerverwundeten getroffen und die Stellungen für den nächsten Tag angegeben, während die armen Burschen müde und hungerig umherwankten; kein fröhliches Lied wurde gehört, kein stolzer Blick zeigte, daß man eines guten Erfolges für den kommenden

Tag gewiß sei. Mürrisch, verdrossen, ja fast gezwungen ge=
horchten sie den Anordnungen der Führer. — Doch siehe, da
kommen frische Regimenter von Richmond, prächtige Soldaten
aus Südcarolina und Alabama an, während mit donnerndem
Getöse die Batterie der Washingtonartillerie unter ihrem Führer
Walton vorüberfliegt. Reiterregimenter von Nordcarolina,
Tennessee, Kentucky ziehen, in dichte Staubwolken gehüllt, da=
her, die Waffen blitzen in dem Widerschein der Lagerfeuer,
die sie passiren müssen. Immer macht es auf den Soldaten
einen wohlthuenden, ermuthigenden Eindruck, neue Kameraden
zu seiner Unterstützung herbeieilen zu sehen, und die Ankömm=
linge wurden mit Jubel und Freudengeschrei empfangen. Der
letzte Bissen, der letzte Trunk wurde brüderlich mit ihnen ge=
theilt, gegenseitig wurden die Erlebnisse der letzten Tage aus=
getauscht und die Hoffnungen für die nächste Zukunft bespro=
chen, auch gegenseitig das Versprechen gegeben, sich den
kommenden Tag nach Kräften zu unterstützen. Kurz, die noch
vor wenig Stunden so niedergeschlagenen Krieger gewinnen
wieder Muth, Stärke und Vertrauen. Während es in dem
Lager so lebendig herging, herrschte in dem Hauptquartier
Johnstone's gewaltiger hehrer Ernst. Der Länge nach an
einem Lagerfeuer ausgestreckt, den Kopf schwermüthig in die
rechte Hand gestützt, blickte Johnstone traurig auf eine vor
ihm liegende Karte, während in einem dichten Kreise seine
Generale und Offiziere ihn umstanden. Ihren Gesichtern
hatte sich der Ernst des Führers mitgetheilt und sie ver=
wandten kein Auge von demselben. Da wandte dieser den
Kopf und gab seinem Sohne, dem Obersten der Cavalerie und
Adjutanten des Präsidenten Jefferson Davis, ein Zeichen; dieser
eilte rasch herbei und ließ sich bei ihm nieder. Der General
ergriff sein Portefeuille und schrieb auf ein ausgerissenes
Blatt einige Worte. „Das ist für deine Mutter", sagte er
zu seinem Sohne. Hierauf fuhr seine Feder nochmals über

ein Blatt und nachdem er es zusammengelegt und mit etwas
Wachs verschlossen hatte, gab er es seinem Sohne zur Be-
förderung an den Präsidenten. „Jetzt geh', mein Sohn, und
besuche mich morgen wieder." Lange und herzlich schüttelten
sie sich die Hände; schon wollte letzterer sich aufs Pferd
schwingen, als er mit dem Ausrufe: „Vater, Vater!" zurück-
eilte und den General, der sich eben etwas erhoben hatte, um
seinem Sohne nachzusehen, in die Arme schloß und ihn fest
umschlungen hielt. Gerührt, eine Thräne im Auge, umarmte
Johnstone seinen Sohn, während er mit erzwungenem Lächeln
sagte: „Nun, was hast du denn, was ist denn los? Gehe
jetzt, mein Sohn; morgen Abend, nicht wahr, dann kommst
du wieder?" „Ja, ja, mein Vater", murmelte Oberst Johnstone, wankte zu seinem Pferde, schwang sich eilig auf und
entfloh rasch in die dunkle, so manchen Schmerz und Gram
verhüllende Nacht. Wie eine Säule aus Erz, so stand mit
verschränkten Armen noch lange General Johnstone und blickte
voll schwerer Gedanken nach der Richtung, in der sein Sohn
verschwunden war.

Schweigend standen Generale und Offiziere umher, kein
Laut unterbrach die eigenthümliche Stille, die jetzt eingetreten
war. Da wandte sich Johnstone plötzlich mit einem schweren
Seufzer um und sprach: „So, meine Herren, jetzt wollen
wir zum Handeln schreiten; das war eine schwere Stunde."
Hatte er vielleicht eine Ahnung von dem, was der folgende
Tag ihm bringen würde?

Nun strömte alles nach dem Zelte des Höchstcommandiren-
den, in dem auf großen, einfachen Tischen verschiedene Karten
ausgebreitet lagen. Mit wenigen bestimmten Worten theilte er
jedem der Anwesenden seine Aufgabe zu und ermahnte sie mit
kräftigen Worten, den ihnen anvertrauten Posten Ehre zu
machen und namentlich ein besonderes Augenmerk auf diejenigen Regimenter zu richten, die in der heutigen heißen Schlacht

so viel gelitten hätten, und dieselben so viel als möglich zu schonen. „Die Reserve übergebe ich Ihnen, General Holmes", sagte er, sich an diesen wendend; „ich gebe Ihnen in Betreff der Verwendung keine weitern Instructionen, handeln Sie, wie es die Pflicht eines braven Offiziers der Conföderation er= fordert. Und nun, gute Nacht, meine Herren; eine kurze Ruhe für den morgenden heißen Tag wird jeder von uns be= dürfen." Damit trennten sich die Offiziere und verschwanden gleich flüchtigen Schatten in den dunkeln Lagergassen. Alles wurde ruhig und still, nur dann und wann hörte man den kräftigen sonoren Ruf der Lagerwachen, auch hallte zu= weilen ein einzelner Schuß durch die Stille der Nacht. Mein Regiment erhielt noch spät in der Nacht von General Long= street Befehl, sich der Division Anderson zur Verfügung zu stellen; wir waren hierdurch gezwungen, unserer Ruhe zu ent= sagen und uns zu der am äußersten Ende des rechten Flügels lagernden Division Anderson's zu begeben. Gegen Mitter= nacht langten wir dort an und fanden die ganze Division in Bewegung. Aller unnütze Kram wurde nach Richmond diri= girt, während die Soldaten die Zelte abbrachen und ihre Feuer löschten; kurz, alles ließ vermuthen, daß Anderson sich mit großer Umsicht auf den nächsten Tag vorbereite. Gleich nach unserer Ankunft gab ich Befehl, die Pferde zu füttern und Waffen und Zaumzeug zu untersuchen, damit keine Stö= rungen vorfallen könnten. In kurzem lagerte alles auf dem feuchten Boden und erwartete mit Spannung den Anbruch des nächsten Tages. Die Nacht war wundervoll. So mild und lau wehte ein Lüftchen über uns her, daß man nicht hätte denken sollen, daß hier auf einem kleinen Raum hundert= tausend erbitterte Feinde lagen, welche nur das erste goldene Licht der Morgenröthe erwarteten, um sich — gegenseitig zu vernichten. Ehe man noch alle Anordnungen getroffen, er= tönten schon die Commandos. Truppen bewegten sich in dich=

ten Maſſen über die Felder, unſere Cavalerie machte ſich
ſattelfertig. Aus der frieblichen, ernſten Stille hatte ſich jetzt
ein unheilvolles Geräuſch entwickelt. Abjutanten, Ordonnanzen,
Offiziere aller Grade und Waffengattungen flogen die Fronten
der Truppen entlang. Jetzt kam eine größere Maſſe Reiter
daher; es war der General Johnſtone mit ſeinem Gefolge,
welcher die verſchiedenen aufgeſtellten Colonnen inſpicirte und
die Commandirenden mit einbringlichen Worten auf ihre
Pflichten aufmerkſam machte. Dann wurde es wieder ruhi=
ger, doch nur auf Augenblicke, denn bald darauf, ungefähr
gerade vor uns, hörte man ein heftiges Tirailleurfeuer, das
ſich von Minute zu Minute verſtärkte. Das Vorſpiel des
heutigen Tages hatte mithin begonnen. Da kam ein Offizier
geſprengt, der die Nachricht brachte, daß der Feind ſich in
dichten Colonnen vorwärts bewege und unſere Vorpoſten
dem heftigen Drängen deſſelben weichen müßten. Augenblick=
lich wurde Cobb's Legion zur Unterſtützung abgeſandt. Es
dauerte nicht lange, als auch von unſerm Centrum und linken
Flügel der Donner der Kanonen deutlich anzeigte, daß der Kampf
auf allen Punkten begonnen habe, und die Batterien fingen
ebenfalls auf beiden Seiten an, ihr mörderiſches Feuer aus=
zuſpeien. In wenigen Minuten erzitterte die Erde, die Lüfte
bebten, jauchzende Infanteriemaſſen zogen im Sturmſchritt
vorüber, der feierliche Ernſt war gewichen und eine wilde,
mordgierige Trunkenheit fing an, ſich der Truppen zu be=
mächtigen, heute wollten ſie blutige Revanche für den geſtri=
gen Tag nehmen. Noch ſtand die Cavalerie in langem Zuge
georbnet da, einer Mauer vergleichbar, und erwartete mit Un=
gebuld das Commando, um ihrer Kampfluſt freien Lauf zu
laſſen. Eben wurden die erſten Verwundeten aus dem Vor=
bertreffen vorübergeſchafft; arme Kerls, der beutegierige Tod
hatte ſich ihrer bereits zur Hälfte bemächtigt und bennoch, als
ſie an ihren kampfgerüſteten Brübern vorübergetragen wurden,

riefen sie mit ihrer letzten Kraft denselben noch zu, sie zu
rächen. Immer düsterer, ernster und unheimlicher wurden die
Züge meiner Reiter und mancher Fluch entfloh bereits den
bärtigen Lippen. Da endlich kam auch für uns die Ordre.
Cavalerieregiment fertig! Holmes führte unsere beiden Regi=
menter etwas links, wo wir auf einem offenen Felde Stellung
nahmen. Zu unserer Rechten arbeitete eine unserer Batterien
so heftig, daß die Rauchwolken in dichten Massen über jener
Gegend hingen und fast das Tageslicht verdunkelten. Kaum
hatten wir uns geordnet und zum Kampfe fertig gemacht, als
wir auch schon die Trompeten der feindlichen Cavalerie hörten,
und nach wenigen Minuten brachen hinter einer kleinen An=
höhe Dragoner und Ulanen hervor. Rasch rückten auch wir
zum Angriff vor und in kurzer Zeit arbeiteten Säbel, Lanze,
Revolver und holten manchen wackern Reiter aus seinem
Sattel. Die feindliche Cavalerie wurde geworfen; allein wäh=
rend wir die Feinde verfolgten, wurden wir in den Flanken
heftig von zwei Infanterieabtheilungen angegriffen, sodaß wir
mit den erbeuteten Pferden in unsere alte Stellung zurückzu=
kehren genöthigt waren. Unterdessen wüthete die Schlacht im
Centrum mit aller Heftigkeit. General Johnstone erhielt die
Nachricht, daß Elementarereignisse die Brücken über den Chi=
kahominy im Rücken des Feindes zerstört haben; diese so gün=
stige Gelegenheit durfte er nicht unbenutzt vorübergehen lassen.
Schnell zog er sämmtliche disponible Truppen heran und ließ
einen Sturm nach dem andern auf das feindliche Centrum aus=
führen. Die Eile jedoch, womit einer dem andern folgte,
war ihrem Erfolg sehr ungünstig. Vergebens ersuchte ihn
Lee, mehr Rücksicht auf die Reserven zu nehmen. Der Feind
auf der andern Seite ist in einer verzweifelten Lage: hinter
sich ein wilder Strom, der die einzige Verbindung mit den
Truppen des jenseitigen Ufers zerstört hat; vor sich ein auf=
geregter, erbitterter Feind, welcher im Angesicht seines

Capitols, gleichsam vor den Thüren des Heiligthums der Conföderation kämpft. Eine Colonne nach der andern wirft Johnstone in die wilde Brandung der Schlacht; von jeder kehren nur vernichtete, blutige Trümmer zurück und geben den schlagenden Beweis, mit welcher Festigkeit der Feind alle Angriffe aushalte. Einige deutsche Regimenter von Michigan verrichten Wunder der Tapferkeit. Die meisten ihrer Offiziere sind gefallen, fürchterliche Lücken sind in ihre Reihen gerissen, doch nichts kann ihren Löwenmuth erschüttern. In allen möglichen Gestalten sehen sie den Tod um sich her, allein sie wanken nicht. Es war ein Jammer, diese kernigen deutschen Söhne des fernen Westens so Mann für Mann fallen zu sehen. Ein mächtiges Interesse muß diese Männer beseelen, unendliche Liebe zur neuen Heimat muß ihre Brust erfüllen, um mit solchem Heldenmuthe unter ihren Fahnen zu sterben. Doch immer von neuem greift Johnstone an, zerschmettert eine feindliche Linie nach der andern und erhält selbst nur Fragmente von Regimentern aus dem Schlachtgewühl zurück; es hilft alles nichts, nichts kann Johnstone, der heute völlig abgestumpft scheint, bestimmen, von dem einmal gefaßten Plane abzustehen. Da zieht General Lee mit einigen Brigaden und beinahe der ganzen Reserve im Sturmschritt vorüber. Leicht grüßt Lee den Oberbefehlshaber mit seinem Säbel, während die Truppen jubelnd vorüberziehen, doch ist es nicht mehr jener freudige, siegestrunkene Jubel, es ist jene gepreßte, wahnsinnige Begeisterung, welche Worte nicht zu schildern vermögen; die Verheerungen unter unsern Truppen sind aber auch in der That unbeschreiblich. Von allen Seiten, aus allen Winkeln, hinter jedem Baum wankt ein Leichengesicht, den Tod im Herzen, um nach wenig Minuten von neuem zur Erde zu sinken, von welcher kein Erheben mehr möglich ist. Zu Hunderten sehen unsere Leute solche Jammerbilder. Vater, Sohn, Bruder oder Freund sehen sie verwundet ober sterbend am Wege liegen, und dennoch ziehen sie jubelnd an ihrem General vorüber, denn sie sind der Besinnung beraubt. Ohne Ordnung, in wilder Aufregung, stürzen sie sich in den dichtesten Kugelregen, in die entgegenstarrenden Bajonnete, um nur den gräßlichen Gedanken zu entgehen und von jenen schreck= lichen Scenen erlöst zu werden. Daher ist auch unser Verlust so über alle Beschreibung, während der des Feindes, der ruhig seine Stellung vertheidigt, weit geringer ist. Wie ein un= heimliches Wesen sitzt General Johnstone zu Pferde, keine Muskel des Gesichts bewegt sich und ebenso stumm und steif umgeben ihn im weiten Kreise seine Offiziere, von denen nur dann und wann einer mit einer erhaltenen Ordre wie ein Vogel durch die marschirenden Colonnen eilt. Schon wüthet der Kampf seit vielen Stunden ohne ein Resultat, als General Lee seine vernichteten Divisionen aus dem Feuer führt. Nur wenige Offiziere kommen zurück, die nicht die blutigen Merk= male der Schlacht an sich tragen; die Truppen sehen elend, matt, fast krank aus.

Die Sporen tief in die Weichen seines Pferdes stoßend, daß sich dieselben blutig färben und das Thier durch einen gewaltigen Sprung seinem Schmerz Luft macht, eilt jetzt John= stone zu den Divisionen Longstreet, Magruder, Hill, welche ihre zersprengten Glieder von neuem geordnet haben. Mit barscher Stimme gibt er Befehl zum Zusammenziehen, und nachdem die Anordnungen in größter Eile getroffen sind, macht er die Leute auf ihre Pflichten aufmerksam und verspricht, sie selbst in den Kampf zu führen. Vergebens bestürmen Long= street, Magruder und Hill ihn, von diesem Vorhaben abzu= stehen; sie wollen selbst, wenn es sein muß, die Muskete in der Hand, in den Reihen der Soldaten fechten, nur solle er sich nicht so großer Gefahr aussetzen. Was würde Richmond und die Conföderation verlieren, wenn er verwundet oder gar getödtet würde! Alle diese Reden wußte er mit den Worten zurückzuweisen, daß heute ja der gewöhnliche Tambour seine Schuldigkeit gethan habe, nur er habe noch seinen Theil abzutragen. Ruhig weist er die Offiziere an ihre Plätze und commandirt sodann mit fester Stimme. In der ganzen Armee ist es im Nu bekannt, daß der General selbst seine Leute zum Sturme führen werde. Ein unendlicher Jubel empfängt ihn, und seine Truppen, selbst die Blessirten, lassen ihre schwache Stimme ertönen. Prächtig war es, die drei Divisionen vorrücken zu sehen, die Fahnen flatterten lustiger, die Tambours schlugen kräftiger wie sonst; aus der Haltung der Soldaten ging hervor, daß sie ihres Führers werth seien. Ohne Furcht erwartet der Feind den verderblichen Stoß, in wenigen Secunden ist das Centrum in einen schrecklichen Kampf verwickelt. Einige feindliche Brigaden eilen zur Unterstützung ihres Centrums herbei, welches dem heftigen Andringen Johnstone's zu erliegen droht. Immermehr entbrennt der Kampf und Johnstone, der sich mitten unter seinen Leuten befindet, weiß dieselben durch Wort und That zu einer wahren Raserei anzustacheln. Stolz und freudig gehen seine Truppen in das dichteste Gewühl, wo die Schlacht am ärgsten müthet, und manches brechende Auge sucht noch den letzten Blick auf den geliebten General zu richten. Johnstone selbst scheint gefeit, Stich und Kugel haben keine Gewalt über ihn, während in der unmittelbarsten Nähe der Tod reiche Ernte hält. Plötzlich greift er in die Seite, Todesblässe färbt sein Antlitz, Blut bringt durch seine Kleider, tödlich verwundet sinkt er vom Pferde, rasch sprengen seine Offiziere herbei, heben den leblosen Körper auf und suchen ihn aus dem Gewühl der Schlacht zu bringen. Die Hiobspost von Johnstone's Fall durcheilt im Fluge die Glieder der Soldaten. Wie Rasende stürzen sie sich auf die Feinde, welche ihnen schon den ganzen Tag dieses blutige Feld streitig gemacht haben. Ueberall ertönt der Ruf: Johnstone ist todt! und der Feind, der bisjetzt seine Stellungen

heldenmüthig behauptet hat, kann gegen das wahnsinnige An=
bringen unserer Leute nicht mehr Stand halten. Die Schlacht
von Seven=Pines war mit dem Falle unsers Generals er=
kauft, welcher jedoch noch nicht todt, aber schwer verwundet
war. Die Verheerungen, welche diese mörderische Schlacht in
unsern Reihen angerichtet, war schrecklich und die Verluste
überstiegen alle Begriffe. Zu Tausenden lagen in dichten
Haufen Todte und Verwundete; es war haarsträubend, in
allen Richtungen Hülferufe und Todesröcheln hören zu müssen.
Menschliches Gefühl hatten unsere Truppen nicht mehr
nach all dem Morden und Schlachten, gleichgültig ließen sie
ihre Blicke über dieses unendliche Grab schweifen und gönnten
sich Erholung und Ruhe. General Lee, der nach Johnstone's
Fall der nächste im Commando war, beschäftigte sich äußerst
thätig mit dem Zustande der Armee. Rasch hatte er Einlei=
tungen getroffen, um die Leichtverwundeten so eilig als
möglich nach Richmond zu schaffen; die in Unmasse umher=
liegenden Schwerverwundeten wurden so viel als thunlich in
den umherliegenden Häusern untergebracht.

16

Richmond wird eingeschlossen.

Beide Armeen ziehen sich in ihre frühere Stellung zurück. Warum die Unionstruppen verhältnißmäßig viel weniger Verluste hatten als die Conföderirten. M'Clellan's ausgezeichnete Stellung. Kurzsichtigkeit der Regierung in Washington. Günstige Verhältnisse für die Vereinigten Staaten. Angst der Einwohner in Richmond. Die Regierung befiehlt allen Bureaux einzupacken. Ein Meetingbeschluß, Richmond in Flammen aufgehen zu lassen. Lee's unermüdliche Thätigkeit. Die Feinde stehen endlich vor den Mauern Richmonds. Große Noth in der Stadt. Es fehlt am Nothwendigsten. Lee verstärkt seine Armee und rüstet sich zu einem entscheidenden Schlage. Die Generale der Union unterstützen M'Clellan nicht. Die Conföderation schreitet zur Offensive. Eine gewaltsame Recognoscirung. Kapitän Norton's ausgezeichnete Kundschaft. Der Ueberfall. Prächtige Reiterangriffe. Ein Zweikampf. Der hinterlistige, tückische Texaner. Der heldenmüthige Feind wird ehrenvoll bestattet. Reiche Beute, viele Pferde. Begrüßung eines Eisenbahnzuges durch Flintensalven. Die Feinde nahen. Eiliger Rückzug. Gute Nachricht. M'Clellan nimmt eine defensive Stellung ein und erwartet Verstärkungen. General Lee macht sich zum Angriff fertig.

Nachdem General Lee in die Oberbefehlshaberstelle der conföderirten Armee eingerückt war, betrachtete er es als eine Hauptaufgabe, die Organisation des gänzlich verkommenen Heeres vorzunehmen und Ordnung und Disciplin wieder in ihre Rechte einzusetzen; dies der Grund, weshalb er die Truppen wieder in ihre alte Stellung zurückführte. In dieser standen sich am nächsten Tage die erbitterten, bis auf den

Tod ermatteten Feinde gegenüber, doch selbst die sonst nie rastenden Vorposten nahmen diesmal ihre Stellung ein, ohne die Ruhe des Tages durch Plänkeleien irgend zu stören. Nach den ungeheuern Anstrengungen hatte jede Armee und jeder Theil derselben Ruhe und Erholung nöthig. Zwar hatte M'Clellan's Heer viel, sehr viel gelitten, aber immerhin in keinem Vergleiche mit dem unserigen. Seine Offiziere wußten durch einsichtsvolle und tüchtige Führung ihre Soldaten mehr zu schonen, während unsere abnormen Verluste sich von dem blinden, ungeordneten Drauf = und Drangehen herschrieben. Die ganze Sorgfalt der beiden Oberfeldherren war in diesem Augenblicke darauf gerichtet, die gelichteten Schlachtreihen von neuem zu füllen. Freilich konnte M'Clellan nur geringe Verstärkungen an sich ziehen, da die Regierung in Washington mit einer gewissen neidischen Aengstlichkeit auf die Erfolge dieses jungen Generals blickte. Sie mußte anerkennen, daß derselbe durch seine kühnen Manöver wie durch Ueberwindung aller sich ihm darbietenden Hindernisse und durch großartige, siegreiche Schlachten sich den Weg, der unwirthlichen Gegend zum Trotz, bis unter die Mauern Richmonds gebahnt hatte. Und was noch mehr war, dieser Mann hatte es verstanden, seiner Armee einen Geist einzuhauchen, vor dem niedere, feige Seelen erbebten, und hatte dadurch nicht allein die Aufmerksamkeit von ganz Amerika, sondern auch die Bewunderung der ganzen übrigen Welt auf sich gelenkt. Die Regierung der Vereinigten Staaten hätte alle nur verfügbaren Kräfte nach der Peninsula senden müssen, um sich mit einer Gewaltanstrengung Richmonds zu bemächtigen; statt dessen zersplitterte sie ohne Zweck ihre Truppen, ließ M'Dowell unthätig zu Fredericksburg, Burnside in Neubern, 20—25000 Mann vor Charleston. Jetzt sollte sie blos Ein Ziel gekannt, nur Einen Zweck verfolgt haben, und der mußte sein, das Bollwerk dieses unseligen Krieges zu zerstören und sich

selbst in Besitz der Trümmer zu setzen, und dafür war kein
Zeitpunkt geeigneter wie der gegenwärtige. Neuorleans, unstreitig die reichste und mächtigste Stadt des Südens, erlag
dem tapfern Angriffe der feindlichen Flotte und des Land-
heeres und fiel in die Hände des Generals Butler; ebenso
war Memphis, die zweitwichtigste Stadt, in den Händen der
Union; der gefürchtete Merrimac mußte sich selbst zerstören,
York= und Jamesfluß, mit ihren tiefen Betten, standen der
gewaltigen Flotte der Vereinigten Staaten offen, die Armee,
unter ihrem kühnen Führer M'Clellan, stand vor den Thoren
Richmonds, dessen unglückliche Einwohner den jubelnden Feind
sahen und hörten, und aus dessen Bezirk schon alles floh,
was fliehen konnte. Jetzt galt es einen festen Druck, um das
eiserne Band, das der aufrührerischen Hauptstadt gleichsam an
die Kehle gelegt war, vollends zuzuschnüren und den künstlichen
Bau zu zerstören. Jetzt durfte es keine politische Parteilich=
keit mehr geben, man durfte nur die Eine Aufgabe kennen,
das unglückliche Land vom Verderben zu retten. Ob Republi=
kaner, ob Demokrat, wer seine Schuldigkeit als Ehrenmann
erfüllte, war der echte Patriot. Ohne Zweifel hat Präsident
A. Lincoln das Herz auf dem rechten Flecke und meint es
mit Land und Volk treu und ehrlich; allein um ihn hatte sich
eine Partei geschart, die sich kein Gewissen daraus machte,
den unglücklichen Zustand ihres Landes auf die Spitze zu trei=
ben und jenes so hochstehende, einst so glückliche Volk in das
tiefste Elend zu stürzen. M'Clellan mußte nicht wenig durch
diese stets zunehmenden Parteilichkeiten leiden; neben seinem
verletzten Gefühl als Patriot mußten ihn namentlich in Be=
treff seiner Soldaten diese Vorgänge auf das tiefste kränken,
denn auf seiner Siegesbahn aufgehalten zu werden durch
kleinliche Parteiumtriebe, den Untergang seiner siegreichen Ar=
mee vor Augen zu sehen, das ist wahrlich keine Kleinigkeit. —
Je mehr sich die feindlichen Truppen näherten, desto ärger

wurde der Tumult und der Aufruhr. Es waren die brau=
benden Wogen nicht mehr durch Dämme zurückzubrängen.
Die Regierung selbst beförderte dieses wüste Durcheinander:
anstatt mit der Armee vor Richmond zu siegen oder zu fallen,
begann sie damit, sämmtlichen Bureaux zu befehlen, einzu=
packen, und den Ordonnanzbeamten aufzugeben, die Magazine
zu räumen und ihre Vorräthe weiter nach Süden zu schaffen.
Selbst Präsident Davis ergriff das Hasenpanier und eilte mit
Frau und Kindern nach Nordcarolina. Daß durch dieses
Kopfüberstürzen die Bevölkerung in den wildesten Fieberwahn=
sinn versetzt wurde, kann man sich denken. Alles schrie und
lärmte durcheinander und die Verwirrung erreichte den Gipfel.
Die geheime Polizei des Generals Winder hatte ihren Halt
verloren. Die Civilbehörden von Richmond wollten gern
etwas thun, wußten aber nicht was, und hatten ebenfalls
den Kopf verloren. Eine kleine Anzahl baltimorer Gesindel
machte sich diesen Tumult zu Nutze und faßte in einem
öffentlichen Meeting Beschlüsse, welche Richmond zum Brande
verurtheilten, sobald die Truppen der Union die Stadt an=
greifen würden. Alles, was fliehen konnte, floh. Die Kranken
und Verwundeten wurden weiter ins Innere geschafft, viele
öffentliche Gebäude und Privateigenthum zum Verbrennen
hergerichtet, kurz, Richmond ging einer fürchterlichen Katastrophe
entgegen.

Mit großer Eile suchte General Lee die Befestigungen von
Richmond in guten Stand zu setzen. In jeder Richtung
wuchsen wie über Nacht neue Werke empor, jedoch wurde der
Jamesfluß erst dann in Vertheidigungszustand gesetzt, als die
feindlichen Kriegsschiffe sich bereits auf sechs Meilen genähert
hatten. Erst als der Feind uns bereits auf dem Nacken saß,
wurde an Vorkehrungen gedacht, die man schon vor Wochen
hätte treffen müssen. Lee entwickelte eine fast übermenschliche
Thätigkeit, Tag und Nacht war er unermüdlich beschäftigt.

Schon allein die Sorge für fast 30000 Verwundete, die Vor=
kehrungen zur Reorganisation der Armee und zur Wiederbe=
lebung des gesunkenen Muthes der Truppen nahmen ihn
ganz und gar in Anspruch. Unterdessen rückte M'Clellan zwar
allmählich, aber entschlossen vor und eines Tages lagerte seine
Armee in einem großen Halbcirkel um Richmond. Es muß
ein begeisterndes Gefühl für seine Truppen gewesen sein, sich
endlich vor den Mauern jener stolzen Rebellenstadt zu sehen,
auf die jetzt Millionen Menschen ihre Blicke richteten. Der
Anblick jener verhaßten Flagge, welche vom Capitol der Haupt=
stadt wehte, mußte mit doppeltem Muthe ihre Brust erfüllen
und in ihnen den Wunsch rege machen, dort bald ihre stolzen
Stars und Strips zu entfalten. Mit großem Eifer begann
M'Clellan im Verein mit dem Chef seines Generalstabes,
General March, Richmond mit einem Gürtel von festen
Werken zu umgeben, welche nicht allein ihrer Armee Schutz
und Sicherheit gewähren, sondern derselben auch ohne große
Verluste das allmähliche Vorbringen möglich machen soll=
ten. Immer weiter und weiter dehnten sie sich in einem
Bogen aus und nur auf Flintenschußweite arbeiteten beide
Armeen mit unendlicher Ausdauer und ebenso großer Erbitterung.
Die Vorposten standen einander bisweilen so nahe, daß sie
sich unterhalten konnten. Nicht selten hörte man einen Posten
den andern anrufen: Hast du einen Schluck Brandy? Ja!
Und du ein Stück Taback? O genug! Vorsichtig näherte sich
der Secessionist und trank einmal seit langer Zeit aus der
wohlgefüllten Flasche seines Gegners, während dieser dafür
einen gehörigen Bissen Kautaback nahm, und nachdem sie einige
freundliche Worte gewechselt, ging jeder wieder an seinen Platz,
seinen unterbrochenen Dienst wieder zu verrichten.

In Richmond stiegen unterdessen die Preise der Bedürfnisse
zu einer fabelhaften Höhe. Die unentbehrlichsten Gegenstände hat=
ten Preise, die nur für die Wohlhabendsten bezahlbar waren. Der

Mangel an Heilmitteln ward immer größer und Tausende
starben hin, weil sie keine ärztliche Hülfe fanden. Diese Zeit
werden die Bewohner Richmonds nie vergessen. Die Soldaten litten am Nothwendigsten Mangel, sie konnten sich nicht
einmal satt essen, geschweige denn etwas zu ihrer Stärkung
nehmen. Doch alle diese unseligen Ereignisse lähmten nicht
die Energie unsers Oberfeldherrn. Nachdem er Richmond
in einen ziemlich gesicherten Zustand gebracht, beorderte er
Stonewall Jackson, Stuart, Ewell aus dem Shenandoahthal
nach Richmond, und gab ebenso Befehle an Beauregard und
Smith, alle nur entbehrlichen Truppen ebendahin zu schicken.
Dann wurden sämmtliche Hospitäler der Stadt geräumt und
Anstalten für 10000 Verwundete getroffen. Artillerie und
Munitionswagen rasselten Tag und Nacht durch die Straßen
der Stadt, während Adjutanten und Ordonnanzoffiziere in
wildem Fluge vorübersausten. Truppenmassen kamen täglich,
ja stündlich an, aber ohne Musik, ohne Sang und Klang.
Ernst und still zogen diese zerlumpten, ausgehungerten Massen
durch die Straßen, aber das unheimliche Feuer ihrer Augen
zeigte, daß sie entschlossen waren, für ihre Unabhängigkeit zu
siegen oder zu sterben.

Alle diese Vorgänge in unserm Staate konnten doch wenigstens den Generalen M'Dowell, Fremont und Banks kein
Geheimniß bleiben, sie mußten durch ihre Spione und Kund-
schafter sowie durch unsere Deserteure in Kenntniß gesetzt sein,
daß Lee sämmtliche Truppen in Richmond sammle, um durch
einen großen, entscheidenden Schlag gegen M'Clellan's Armee
sich Luft und Bewegung zu verschaffen. Sie mußten mithin
ihren ganzen Einfluß bei ihrer Regierung aufbieten, um sich
mit M'Clellan vereinigen zu dürfen, und dann Richmond zu
nehmen. Alles das unterblieb, man ließ M'Clellan sich vor
den Thoren Richmonds zu Tode arbeiten, man ließ ohne
Hindernisse unsere gesammten Streitkräfte aus allen Theilen des

Staates sich bei Richmond versammeln, ja, man erwartete mit einer gewissen Sicherheit den Untergang der Potomacarmee. Endlich hatten wir unsere Vorbereitungen so weit beendet, daß wir zur Offensive übergehen konnten, und Lee beorderte den Oberst der Cavalerie Stuart, mit zwei Reiterregimentern und einer zwölfpfündigen reitenden Batterie eine forcirte Recognoscirung vorzunehmen und diese auf das ganze feind= liche Terrain auszudehnen, besonders aber auf M'Dowell zu achten, da wir wußten, daß dessen Vorposten nur etwa noch 20 Meilen von Richmond entfernt standen. Mit großer Vorsicht schritt man zur Wahl von zwei gut berittenen und bewaffneten Reiterregimentern und nach kurzer Er= wägung entschloß man sich, das 9. und 15. Cavalerieregiment zu nehmen. Es waren alte, gebräunte Soldaten, die ihre militärische Carrière in allen Theilen des Landes durchgemacht hatten. Kaum waren die weitern Anordnungen getroffen, als auch Freitags früh die Geschwader unter der tüchtigen Leitung des Oberst Stuart den gekrümmten Weg gegen Hannover=Court= Housе dahinzogen. Die Vorhut wurde dem mit dem Terrain und den umliegenden Farmen genau bekannten Kapitän Norton übergeben, während die Deckung unter der umsichtigen Leitung des Majors Rasser stand. Ein seit einigen Tagen angekom= mener preußischer Offizier Baron Borke fungirte freiwillig als Adjutant. So zogen die Regimenter fröhlich und heiter den freundlichen Weg entlang. Es war ein wundervolles Sommer= wetter, mild und klar, wie geschaffen für einen solchen Reiter= zug. Das Hauptcorps konnte ruhig seine Straße ziehen, da uns die trefflichen Eigenschaften unsers Vorhutcommandanten bekannt waren. Bald dampften unsere kleinen Pfeifen und manches Liedchen wurde still dahingesummt. Ueber manches Gehege schauten verwundert neugierige Neger und konnten nicht recht begreifen, wohin unser Weg ging. Alle halbe Stunden liefen regelmäßig die Meldungen ein, Kapitän Norton hatte nämlich so ausgezeichnete Vorkehrungen getroffen, daß die umliegenden Farmer, von unserm Streifzug in Kenntniß gesetzt, uns entweder durch Signale oder mündlich und schriftlich von der Stellung des Feindes Nachricht gaben. Es war ein gewagtes Unternehmen, mitten durch M'Clellan's und M'Dowell's Armee hindurch diesen Zug zu machen, denn hätte der letztere etwas aufmerksam seine Stellung im Auge behalten, dieses kühne Unternehmen wäre schon im Entstehen vereitelt gewesen. Jedoch General M'Dowell war um diese Zeit wie mit Blindheit geschlagen; wol hatte er seine Vorposten und Streifpatrouillen bis auf 20 Meilen vor Richmond gehen lassen, aber man betrieb die Sache mit einer solchen Gleichgültigkeit, daß es zum Erstaunen war. Man glaubte seine Schuldigkeit gethan zu haben, wenn man die Nachricht ins Hauptquartier schickte: Unsere Vorposten stehen 20 Meilen vor Richmond. Dieses Wort hatte einen merkwürdigen Zauber für die Unionsarmee und M'Dowell liebte es wol, seine Berichte aus der unmittelbaren Nähe dieser Stadt nach Washington zu senden; aber anstatt mit der größten Aufmerksamkeit M'Clellan's rechten Flügel zu überwachen, suchte er jede Berührung mit dessen Truppen zu vermeiden. Er schien damit zufrieden zu sein, daß seine Truppen überhaupt vor Richmond standen. Natürlich mußte M'Clellan, da er von der Anwesenheit M'Dowell's in Hannover-Court-House wußte, auf diesen General insoweit Rücksicht nehmen, daß er demselben einstweilen seinen rechten Flügel preisgab, indem er bei der unendlichen Ausdehnung seiner Linie sein Auge auf sein Centrum gerichtet halten mußte, damit jeder Angriff auf diesen Punkt siegreich abgewiesen würde. Wir hatten also wahrscheinlich auf unserm ganzen Streifzug von M'Dowell wenig zu fürchten, und es verhielt sich in der That so. Kaum wurde unsere vorsichtig vorbringende Avantgarde von M'Dowell's Vorposten und Vedetten gemeldet, als die betreffenden

Commandanten in großer Eile ihre Posten nach Fredericksburg hin einzogen. Sobald uns diese übergroßen Vorsichtsmaßregeln bekannt wurden, brach ein unendlicher Jubel unter unsern Truppen aus, denn jetzt hatten wir die beste Hoffnung auf einen günstigen Erfolg. Fröhlich und heiter wurde auf der Straße nach Hannover-Court-House weiter getrabt, als wir plötzlich einen unserer Reiter in gestrecktem Galop dahersprengen sahen. Er brachte die Meldung Norton's, daß die äußersten Spitzen von M'Clellan's rechtem Flügel sichtbar wären. Sofort befahl Oberst Stuart dem Kapitän Norton, zu halten, und verwandte sechs Escabrons zum Angriff auf die wahrscheinlich in der Nähe stehende feindliche Cavalerie. Norton sollte eine Seitenbewegung ausführen und dann die Verfolgung des jedenfalls geworfenen Feindes' übernehmen. Zum ersten male ließ man eine Escabron neuorganisirter Ulanen sich an der bevorstehenden Attake betheiligen. Obwol die Leute erst seit wenigen Wochen ihre Exercitien mit der Lanze begonnen hatten, so wollte man doch den Erfolg ihres ersten Debuts beobachten, um dann Weiteres über die Einführung dieser Waffengattung zu beschließen. In kurzem Trabe ließ man die Escabrons an beiden Seiten der Straße entlang reiten, die Tête hatte Ordre, beim Begegnen der feindlichen Vorhut sich sofort auf sie zu stürzen, sie auf ihre Feldwachen zu werfen und durch ein rasches Draufgehen Unordnung unter die Feinde zu bringen. Wir hatten erst eine kurze Strecke zurückgelegt, als wir auch unsere Tête mit verhängtem Zügel vorwärts fliegen sahen. Kurz nachher knallten Musketen und Revolver, und die feindlichen Kugeln umflogen uns, ohne jedoch Schaden anzurichten. Als wir den Saum des Waldes erreicht hatten, sahen wir auch schon unsere Leute wieder zurückreiten, heftig verfolgt von den Dragonern des 5. Regiments der Union. Jetzt war keine Minute mehr zu verlieren und unter Hurrahgeschrei stürmten wir vorwärts. Sobald uns die Feinde erblickten, machten sie Kehrt und beeilten sich ihren Rückweg anzutreten. Ein paar tausend Schritt weiter stießen wir auf das Lager einer Escadron der feindlichen Dragoner. Die armen Kerle waren noch beschäftigt, sich fertig zu machen, und mithin gezwungen, ohne weiteres aufzusitzen und zum Säbel zu grei= fen. Der Commandant dieser Dragoner, Major Williams, wenn ich nicht irre, benahm sich wacker und brav. Mit Kalt= blütigkeit und Ruhe suchte er seinen Leuten Muth einzu= flößen; allein die Entfernung, die uns trennte, wurde geringer und auf einmal saßen wir mitten unter ihnen. Nach einer kurzen Attake machten die Dragoner Kehrt und flohen in großer Unordnung, wir hinterdrein; plötzlich erschien eine feind= liche Unterstützung, Dragoner und Ulanen unter Oberst Rush. Wir ließen unsere zerstreuten Truppen sich sammeln und kurz darauf rasselten die beiden Cavaleriemassen gegeneinander. Oberst Rush und Major Williams führten ihre Truppen ausgezeichnet und zeigten uns, daß wir es mit tüchtigen Cavalerie= offizieren zu thun hatten. Eine Escadron ließen wir als Re= serve zurück und führten die andern Burschen vorwärts. Die beiden Geschwader stießen mit solcher Wucht aufeinander, daß die Erde zitterte. Das Klirren der Säbel, das Stampfen der Rosse, das laute Commando der Offiziere und das Schmettern der Trompeten bezeichneten bald den allgemein gewordenen Kampf, ein kühles Lüftchen wehte durch den Wald und machte die Hitze des Tages wenigstens einigermaßen erträglich. Doch da, beim Teufel, unsere Leute reißen aus, unsere alten abgewetterten Krieger der Prairien von Missouri und Texas machen Kehrt. Mit wachsender Freude ließen die Feinde ihre Klingen auf unsere Leute niedersausen und bewirkten bald unsere allgemeine Flucht. Vergebens wurde die Reserve abge= schickt; auch sie wurde in den Strudel der Verwirrung hinein= gerissen. Doch da kömmt Rettung, mit einem male nämlich bricht Kapitän Norton unter donnerndem Hurrah aus dem

Busche hervor, seine Leute brüllten, als wenn Besessene losge=
lassen wären, vor Freude, an bie Arbeit zu kommen. Voran
ber riesige Norton, seinen mexicanischen Pallasch schwingenb;
im Nu hatte sich jetzt bie Scene geänbert, unsere Ausreißer
lassen sich wieber zum Stehen unb Angreifen bewegen. Da
erscheint auch noch Oberst Stuart mit bem Gros ber Brigabe
unb jetzt ergreift ber Feinb bie Flucht, hitzig von ben Unserigen
verfolgt. Stuart befahl Mannschaften unb Pferbe etwas ver=
schnaufen zu lassen. Unterbessen schlug sich auf einem kleinen
Felbe ein feinblicher Dragoner mit einem Texaner herum.
Der Dragoner verschmähte es, an ber Flucht seiner Kameraben
theilzunehmen, unb nahm seine Stellung ber Art, baß es eine
Freube war, biesen braven Burschen sein· Pferb unb seinen
Säbel führen zu sehen. Der Texaner versuchte alle möglichen
Kunststückchen, um mit seinem Gegner fertig zu werben, wäh=
renb bie Leute umherstanben unb mit gespannter Neugierbe
biesem Einzelkampfe zuschauten. Stattlich, wie eine stolze
Eiche, saß ber Dragoner auf seinem sehnigen Pferbe unb ließ
seine Klinge wie Blitzeszucken um sich sausen. Ich selbst hatte
mich staunenb hingestellt, um bas Enbe bieses Kampfes abzu=
warten. Sitz sowie Führung bes Pferbes unb Säbels ließen
mich auf ben ersten Blick ben gebienten beutschen Solbaten
erkennen. Ihn umflog in weiten Kreisen ber Texaner auf
seinem flüchtigen Pferbe unb erspähte mit Tigerblicken, wo ber
Gegner sich eine Blöße gäbe. Der Deutsche verfolgte mit
sicherm, ruhigem Blick alle Schlangenwinbungen bes gefährlichen
Gegners; jetzt saust er heran, Hieb, Stich, Paré folgen sich
in raschem Tempo. Schon hat ber Texaner bem Dragoner
einen Hieb an ber Schulter beigebracht, sobaß sich etwas Blut
zeigt, unb wirb bafür von seinen Kameraben mit unenblichem
Jubel belohnt; boch ba erhielt er von bem Dragoner einen
Gegenhieb, ber einen Theil bes Rockes sowie bas Fleisch bes
linken Armes herunterriß. Wie ber Blitz fuhr er mit seinem

Pferde zurück und seine Kameraden eilten herbei, um nach seiner Wunde zu sehen; allein ohne diese weiter zu beachten, umschwärmte er von neuem seinen Feind. Jetzt flog er vor= über und schon glaubte man, er stürze; doch rasch wie der Ge= danke führt er einen Stoß nach der Brust des Gegners, dieser dagegen parirte den gefährlichen Angriff prachtvoll und hieb gleich hinterher eine Quart nach, die den Rücken meines Reiters empfindlich traf. Da riß dieser sein Pferd herum und, noch bevor ich mich ins Mittel legen konnte, schoß er den tapfern Gegner heimtückisch vom Pferde, die Kugel war unter dem Herzen eingedrungen und schwerfällig sank der todte Kör= per vom Pferde. Tief ergriffen, näherte ich mich der Leiche und befahl den Leuten ein Grab zu machen, worin die sterblichen Reste des Helden bestattet wurden. Eine kleine Oeffnung war bald aufgescharrt und in vollem Waffenschmuck senkten sie die Leiche ein; das treue Schwert auf der Brust, die beiden Pistolen zur Seite, wurde sie mit Erde bedeckt. Als diese Trauerscene vorüber war, ließ ich mir jenen Elenden vorführen, und nachdem ich ihm in harten Worten sein hinterlistiges Benehmen vorgehalten, bedeutete ich ihn, sich ein anderes Reiterregiment zu suchen, da ich dergleichen Elemente in dem meinigen nicht liebe. Er sah mich mit seinen kleinen Tiger= augen wüthend an, mit einem Fluche schwang er sich zu Pferde, und ehe wir uns umsehen konnten, war er unsern Blicken entschwunden.

Der Tod dieses wackern Kriegers bewegte mich sehr und ich war froh, als man wieder zum Aufsitzen blies. Rasch war die Mannschaft im Sattel und in scharfem Trabe ging es gegen den Pamunkeyfluß, wo nach der Versicherung unserer Spione reiche Beute unserer wartete, und wo wir gar keine Hindernisse zu erwarten hatten, da M'Clellan glauben mußte, daß hier M'Dowell wache. Er konnte keine Ahnung davon haben, daß dieser, sobald er von unserm Zuge Kenntniß erhalten, rasch seine Vorposten zurückziehen und uns freien Spielraum lassen würde. Glücklich erreichten wir den Pamunkey, wo wir die wenigen zum Schutze des Depots postirten feindlichen Truppen vertrieben. Kaum war dies geschehen, als sich ein Theil der Mannschaft darübermachte, die Magazine und die im Flusse liegenden Schiffe zu zerstören, die bald in hellen Flammen aufloderten, während ein anderer Theil sich beeilte, die hier zu Hunderten herumweidenden Pferde einzufangen. Mit Anbruch der Nacht war die Zerstörung beendet und, reich mit Beute beladen, zogen wir gegen die York-Eisenbahn, um dort die Straße zu zerstören. Artillerie und Beute vorausschickend, brachen wir nach kurzer Rast auf und ritten im raschen Trabe die feindliche Linie entlang, welche noch gar keine Ahnung von unserm Streifzuge hatte. Gegen 10 Uhr nachts erreichten wir die Eisenbahn und unsere Leute wollten eben die Zerstörung derselben beginnen, als durch die stille Nacht das tiefe Keuchen eines herannahenden Zuges bemerkbar wurde. Oberst Stuart ließ sofort seine Leute, welche mit Doppelflinten bewaffnet waren, auf beiden Seiten der Bahn sich aufstellen, und als der Zug herangekommen war, wurde von beiden Seiten eine Salve auf denselben gerichtet, zum größten Glück, wie ich später erfuhr, ohne tödliche Verletzungen anzurichten. Der Locomotivführer brauste mit verdoppelter Geschwindigkeit dahin. Kaum waren wir wieder geordnet, als wir auch das Getrampel von Cavaleriemassen hörten; unsere ausgestellten Wachen kamen in größter Eile an und meldeten, daß zahlreiche Truppen sich heranbewegten. Nun galt es, ohne Zeitverlust den Uebergang über den Chikahominy zu bewerkstelligen, was uns denn auch nach einem scharfen Ritt gelang; wir waren kaum am andern Ufer, als unsere Verfolger schon anlangten.

In Richmond wurde unsere Reiterschar mit Jubel und Begeisterung aufgenommen; die Nachrichten, die wir Lee überbrachten,

waren für ihn von unendlicher Wichtigkeit, sie gaben ihm den
sichern Beweis von der Unthätigkeit M'Dowell's und bestimmten ihn vollends, seine ganze Kraft gegen M'Clellan
zu wenden, der übrigens die schlimme Lage, in der er sich
befand, vollkommen begriff und als kluger Feldherr begann,
seine Stellung etwas mehr nördlich von Richmond zu nehmen, indem er seine Truppen mehr concentrirte, um sich in der
Defensive zu behaupten, bis er die versprochene Unterstützung
erhalten hätte, die ihm Burnside und Pope bringen sollten.
Zwar handelte er hierin mit großer Umsicht und Klugheit,
allein Lee war nicht der Mann, der eine so günstige Gelegenheit, den Gegner zu schlagen, bevor seine Unterstützung angekommen war, ungenutzt entschlüpfen ließ.

Die siebentägige Schlacht bei Richmond.

Ein Kriegsrath.

General Lee Oberbefehlshaber. Seine Vorkehrungen für die Schlacht. Truppen werden herbeigezogen. Großer Kriegsrath am 25. Juni 1862. Der Plan. Die Handlung. Stellung beider Armeen. Vortheil auf Seiten der Conföderirten. M'Clellan's ausgezeichnete Stellung.

General Lee hatte nichts außer Acht gelassen, um seine Vorkehrungen so zu treffen, daß ein glücklicher Erfolg erzielt werden mußte, wenn die Truppen ihre Schuldigkeit thaten. Noch einmal hielt er, nur von seinem Adjutanten begleitet, nächtliche Visitation seiner äußersten Posten, noch einmal untersuchte er jede Brigade, jedes Fort, jede Stellung, bevor er den entscheidenden Schlag ausführen wollte. Sämmtliche, aus dem Innern des Landes herbeigezogenen Truppen waren beisammen, und alle Anstalten verriethen, daß wir einen ver= zweifelten Kampf vor uns hatten. Den 25. Juni wurde noch einmal großer Kriegsrath gehalten. Hier war fast alles ver= sammelt, was die conföderirte Armee Großes aufzuweisen hatte. Hier stand wie ein Felsen General Lee; mit freudigem Blick überschaute er seine Gefährten, für jeden hatte er schon seine Aufgabe fertig. Sinnend ließ er sein Auge von einem zum andern schweifen, als hätte er die Züge jedes einzelnen in fein Gedächtniß einprägen wollen, in dem Gefühle, daß er viele von diesen Männern vielleicht nie mehr wiedersehen sollte. Neben ihm ragte die ritterliche Gestalt des Obersten Balduin hervor; zu seiner Linken lehnte gedankenvoll der von seinen Soldaten vergötterte Jackson, unruhig seinen Säbel hin- und herschiebend, als wäre ihm das stille Zimmer zu enge und als sehnte er sich an die Spitze seiner Colonnen. Etwas zur Seite standen ruhig Arm in Arm die beiden Hill, während vor ihnen der alte General Wise heftig agirte. Weiter zur Rechten bildeten die Generale Huger, Longstreet, Anderson, Whiting, Reapley, Branch, Magruder eine Gruppe. Als sämmtliche Generale versammelt waren, legte General Lee seinen Plan vor und bezeichnete jedem mit kurzen, bestimmten Worten seine Aufgabe. Der Plan war schön ausgearbeitet: ein compactes Handeln, und der Erfolg mußte ein glänzender sein. Als die Sitzung beendigt, reichten sich alle die Hände, und jeder eilte sofort zu seinem Armeecorps, um zum Handeln überzugehen.

Wenn man die Stellung der beiden Armeen betrachtete, so war unstreitig der Vortheil auf Seiten der Armee des Südens, denn der feindliche General M'Clellan hatte seine Armee an beiden Seiten des Chikahominy zu weit ausgedehnt und konnte wegen der vielen Ravins seine Truppenbewegungen nur schwer und mit vielem Zeitverluste ausführen. Seine Frontlänge nahm eine mehr als 20 Meilen lange Linie ein und dehnte sich in einem Halbcirkel von James River bis nach Ashland und Richmond aus. Während ein Theil seiner Armee den Chikahominy überschritten hatte, nahm er mit der Hauptmasse seiner Armee Stellung auf der nördlichen Seite des Chikahominy von Meadow-Bridge bis Bottom-Bridge. Die Höhen des Ufers waren befestigt, sodaß seine Armee immerhin trotz ihrer unendlichen Ausdehnung eine schöne Vertheidigungslinie innehatte.

Beginn der Operationen.

Flankenmarsch Jackson's. General Hill greift M'Call an in Mechanicsville. Stonewall Jackson's Flankenmarsch. Die Vorposten M'Dowell's
werden aus Ashland vertrieben. Hannover-Court-House. Entschlossenheit M'Clellan's. Er sendet zwei Divisionen und die Reserve der Regulären gegen Jackson und Hill. Befehl Jackson's an General Branch.
Dieser hat seinen Unglückstag. General Hill I. greift die Division
M'Call's an. General Branch kommt zu spät.

Kaum graute der Morgen des 26. Juni, als sich auch
schon Stonewall Jackson's gewaltige Truppenmassen die Eisenbahn entlang bewegten. In einem Gewaltmarsche erreichten
sie Ashland, in dessen Nähe schon die Vorposten M'Dowell's
standen, von denen jedoch Stonewall Jackson gar keine Notiz
nahm, sondern sie durch einige kleine Cavalerieabtheilungen
auf Fredericksburg zurückwarf. Nachdem Jackson seinen Truppen
etwas Ruhe gegönnt, die sie durchaus bedurften, denn der
Tag war schwül und drückend heiß, brach er wieder rasch auf
und bewegte sich gegen Hannover-Court-House, von wo er
die daselbst postirten Truppen M'Clellan's vertrieb. Die
Nachricht von der Unternehmung Jackson's konnte kaum in
dem Lager des feindlichen Oberbefehlshabers bekannt sein, als
dieser, die Gefahr seiner Lage einsehend, alles Mögliche aufbot,
Jackson's Vordringen gegen seine Communicationslinie zu verhindern. Dem tapfern General F. John Porter übertrug
er sofort zwei Divisionen sowie die Reserve der Regulären, mit dem Befehl, sich gegen die projectirten Angriffe

Stonewall Jackson's und Hill's zu halten. Nun war jedoch das
Corps Jackson's durch die Division Whiting zu 30000 Mann
angewachsen und er mithin im Stande, seine Operationen mit
Nachdruck auszuführen. Kaum hatte er den Chikahominy
überschritten, so sandte er zwei Brigaden unter dem Commando
des Generals Branch zwischen die beiden Flüsse Pamunkey und
Chikahominy, mit dem Auftrage, so rasch als möglich vorzubringen und, alle Hindernisse überwältigend, dem bei Mechanicsville angreifenden Armeecorps Luft zu machen. Unterdessen
rückte Jackson gegen Coal-Harbour. Leider war nun heute
General Branch wieder furchtsam und unentschlossen. Solange
er unter dem directen Commando Jackson's stand, gehorchte er
aufs Wort und sein Muth belebte sich in der Nähe seines
Herrn und Meisters; war er jedoch aus seinen Augen, so war
er ohne alle Energie und Thatkraft. Heute hatte er wieder
einmal seinen Unglückstag. Er versäumte Stunde um Stunde,
statt, wie Jackson ausdrücklich befohlen hatte, so rasch wie
möglich alle Hindernisse zu überwältigen und vorzubringen.
Unterdessen griff Hill I. mit großer Tapferkeit die vor Mechanicsville aufgestellte Division M'Call's an, der sich mit löblicher
Entschlossenheit hielt; vergebens sandte Hill einen Adjutanten
zu dem General Branch, doch dieser erschien erst auf dem
Kampfplatze, als die Nacht der Schlacht ein Ende machte.

Der zweite Tag.

Schlacht am Chikahominy.

Gaines Mill.

Die Artillerie eröffnet am Morgen ein fürchterliches Feuer. Rückzug der Feinde. Uebergang über den Chikahominy. Verstärkung der Conföderirten. General Longstreet. M'Dowell's Unthätigkeit. Ein allgemeiner Angriff beschlossen. Die Schlacht von Gaines Mill. Der Angriff der Conföderirten. Heldenmuth der irischen Brigade M'Gaher, sie wirft die conföderirte Avantgarde zurück, zertrümmert Cobb's Legion, ein Nordcarolina- und ein Virginiaregiment. Sie hält sich vier Stunden lang ohne Unterstützung und zieht sich dann mit fliegenden Fahnen und unter Trommelschlag zurück. Sie schlägt einen Cavalerieangriff ab. Ein militärisches Bild. Die Schrecken des Schlachtfeldes bei Nacht. Die Verwundeten werden gesammelt. Schrecklicher Zustand in Richmond.

Kaum graute der Morgen des 27. Juni, als unsere Artillerie ein fürchterliches Feuer auf die Front der Feinde eröffnete, sodaß diese, als sie auch an ihrem rechten Flügel die Brigade Branch zum Angriff schreiten sahen, ihre Stellung vor Mechanicsville aufgaben und sich fechtend in ihre zweite Defensivstellung den Strom hinunterzogen. Gerade in dem Augenblick, als wir den Uebergang über den Chikahominy hergestellt, langte General Longstreet's prächtiges Corps an, alte, gediente Veteranen von der Armee des Potomac, wie auch die Division des Generals Hill II. Sofort wurden sämmtliche Divisionen zum Vorrücken beordert. Die Divisionen Hill II., Anderson, Whiting bildeten das Centrum und bewegten sich nach Coal-Harbour, während Jackſon, Hill I. und Longſtreet den linken Flügel bildeten und den Chilahominy hinuntermarſchirten. Magruder, Commandirender des rechten Flügels, war des ſumpfigen Terrains wegen angewieſen, ſich nur defenſiv zu verhalten. General Wiſe übernahm das Commando des Fort Darling am Jamesfluß. Alle dieſe kriegeriſchen Offenſivoperationen ſowie die beiden vorhergehenden Gefechte mußten M'Clellan unſere Abſicht zu erkennen geben, die uns unbequeme Situation in Richmond zu ändern und uns mehr Freiheit in unſern Bewegungen zu verſchaffen. Er hätte alſo augenblicklich das Armeecorps des Generals M'Dowell, welches ſeit vier Monaten vor Frederickburg unthätig lag, zum Demonſtriren auf der Straße gegen Richmond beſtimmen müſſen. Dadurch wäre ſelbſt der Flankenmarſch des Generals Jackſon unausführbar geworden. General M'Clellan hatte ſich aber in dem Charakter M'Dowell's getäuſcht, denn trotz aller Meldungen über unſere combinirten Manöver verhielt er ſich mit unverwüſtlicher Gleichgültigkeit ruhig in ſeiner ſichern Stellung und gab M'Clellan's Armee, welche durch Krankheiten ſowie Deſertion ſehr gelitten hatte, den ſchweren Schlägen unſerer Angriffe preis. Kaum hatte daher General Lee ſichere Nachricht von M'Dowell's Unthätigkeit, als ein allgemeiner Angriff zu gleicher Zeit auf M'Clellan's geſammte Linien beſchloſſen wurde. Sobald die Nachricht von General Jackſon's Ankunft in Coal-Harbour gemeldet wurde, begab ſich der Höchſtcommandirende mit ſeinem Stabe nach Gaines Mill und ordnete die Diviſionen Anderſon, Hill I., Longſtreet, Pickett zum Angriffe. Ehe ſich noch dieſe Colonnen in Bewegung ſetzten, verkündigte der Kanonendonner auf unſerm linken Flügel, daß General Jackſon bereits in voller Arbeit ſei. Dieſes brachte eine unendliche Begeiſterung bei unſern Truppen hervor.

Die Stellung General M'Clellan's war an dieſem Tage höchſt merkwürdig. Mit einem Theile ſeiner Truppen hatte

er südlich den Chikahominy überschritten und stand Magruder
gegenüber, während er mit dem größern Theile der Armee
eine mehr rückwärts und der Eisenbahn näher gelegene Position
eingenommen hatte, wo er fest entschlossen war, eine Schlacht
anzunehmen. Seine Dispositionen verriethen Umsicht, Talent
und große Ruhe. Die verschiedenen Truppentheile nahmen
mit seltener Präcision ihre Stellungen ein und erwarteten
festen Fußes unsern Angriff. Es war das erste mal, daß
die beiden feindlichen Mächte hinsichtlich ihrer Zahl mit so
ziemlich gleicher Stärke aufeinander trafen. Nur hatten die
Unionisten den Vortheil einer mehr gedeckten Stellung, während
unsere Truppen sich dem feindlichen Feuer aussetzen mußten.
Den Angriff eröffneten die Colonnen Hill I., Anderson und
Pickett. Mit einem donnernden Hurrah warfen sich diese
Truppenmassen dem feindlichen Kartätschenfeuer entgegen, daß
es eine Freude war. Ganze Reihen rissen die feindlichen Kugeln nieder, doch nichts hemmte ihren Muth. Dröhnend trafen
sich die brausenden Wogen; es ging Mann auf Mann, Auge
in Auge, Bajonnet an Bajonnet. Die feindliche Brigade
M'Gaher, größtentheils Irländer, leistete heldenmüthigen Widerstand. Nach heftigem Kampfe beginnen unsere Leute zu weichen, und vergebens ist alles Ordnen und Zureden, sie
fliehen in größter Unordnung zurück. Wüthend, Schaum vor
dem Munde, ohne Kopfbedeckung, den Säbel in der Faust, erschien in diesem kritischen Augenblicke General Cobb mit seiner
Legion, mit ihm das 19. Nordcarolina- und das 14. Virginiaregiment auf dem Wahlplatze. Ohne Säumen geht er sofort
zum Angriffe über, aber vergebens ist alle Anstrengung, die
Irischen halten ihre Position mit einer Zähigkeit und Ausdauer, welche selbst die Bewunderung unserer Offiziere
erregt. Zersetzt, aufgelöst, kommen die Trümmer der schönen
Legion aus dem Sturme zurück. Das 19. Regiment verlor
acht Fahnenträger, die meisten Stabsoffiziere waren eben-

falls gefallen oder verwundet. Nochmals führen die Generale Hill I. und Anderson ihre Truppen zum Sturme, nochmals wüthet schrecklich der Kampf und einzelne Regimenter bedecken sich mit unvergänglichem Ruhm. Unsere Truppen zeigten eine Todesverachtung, welche sie alten, gedienten, tapfern Sol= daten gleichstellte, denn trotz der blutigen Ernte, welche der Tod an diesem Tage in den Reihen unserer Leute hielt, ver= rieth keine Unordnung, kein ängstliches Benehmen, daß manche Regimenter sich heute zum ersten male im Pulverdampfe be= fanden. Aber auch der Gegner hielt alle nacheinander fol= genden Stürme unserer Truppen kalt und ruhig aus. Trotzdem einzelne Brigaden ohne Unterstützung von 4—8 Uhr abends aushalten mußten, leisteten sie alles Mögliche, und erst als die Nachricht sie erreichte, daß Jackson sie auch im Rücken packe, gaben sie abends um 8 Uhr ihre Stellungen unfern Leuten preis. Ungeachtet der entsetzlichen Zerstörung in ihren Reihen verließen sie mit fliegenden Fahnen, unter Trommel= schlag ihre Aufstellung, schleppten ihre leicht Verwundeten und ihr Gepäck mit sich fort, und als sich die Cavalerieregimenter Davies und Wicham zur Verfolgung anschickten, wiesen sie deren Angriffe mit Unerschrockenheit zurück.

Unterdessen kam die Nacht und bedeckte mit ihrem schwarzen Schleier das Feld des Todes; mitleidig verhüllte sie den Augen der Lebenden das gräßliche Bild der Verheerung. Allmählich wurde es ruhig, nur ein schwacher Kanonendonner tönte noch von unserer linken Flanke her, aber auch dieser verhallte nach und nach. Die Soldaten waren von den fürchterlichen Kämpfen dieser Tage so matt und entkräftet, daß viele wie todt in ihren Reihen zu Boden sanken. Obgleich ich selbst vor Er= schöpfung mich kaum zu Pferde halten konnte, eilte ich dennoch mit einem meiner Adjutanten nach dem Punkte des Schlacht= feldes, wo der Kampf am ärgsten gewüthet hatte. Die Zer= störung war entsetzlich: ganze Reihen von feindlichen Truppen

lagen da, wo ihre Stellung beim Beginne der Schlacht gewesen war. Die Zahl der Verwundeten war furchtbar. Das
Gestöhne, der Hülferuf, welcher überall ertönte, hatte bei der
Dunkelheit der Nacht etwas Grauenhaftes. Trotzdem ich mich
auf so manchem Schlachtfelde Italiens und Ungarns befunden
hatte, sah mein Auge noch nie ein solches Bild des Elends.
Die Vorbereitungen zum Transport der Verwundeten waren
von zu geringer Bedeutung, und das Personal, welches man
zu diesem Dienste beordert hatte, war entweder zu wenig zahl-
reich, oder hatte gar keine Kenntnisse von seinen Pflichten.
Selbst das ärztliche Personal war durch das Entsetzliche der
Lage unfähig geworden, mit Eifer und Geschicklichkeit den Verwundeten beizustehen. Mit unendlicher Mühe gelang es mir
und einigen menschenfreundlichen Offizieren, in diese gräßliche
Confusion etwas Ordnung zu bringen. Zum größten Glücke
fand ich einige Unions-Ambulanzen, hatte schnell mehrere Fahr-
kundige herbeigeschafft, und nun ging es ans Werk, die Verwundeten zur Stadt zu schaffen. Jammervoll und haarsträubend
war dieses Geschäft, denn oft gab der arme Leidende seinen
Geist auf, wenn wir ihm Hülfe bringen wollten. Um Mitternacht hatte ich den ersten Transport ganz geordnet, 60 Wagen
mit 200 stark Blessirten. Mühevoll schleppte ich diesen Zug
glücklich zur Stadt. Beim ersten Hospital angelangt, wurde
ich abgewiesen; „Alles voll!" war die Antwort. „Vorwärts
zum zweiten Hospital!" gab ich das Commando; „Alles voll!"
war wieder die Antwort. Da sagte mir ein Freund, wenn ich
etwas warten wolle, so könne er mir helfen, indem in der
Nähe ein Gebäude, wo ehemals Taback aufbewahrt wurde, zu
einem Hospital hergerichtet werde. Ich mußte mich also entschließen, mit meiner dahinsterbenden Ladung $1\frac{1}{2}$ Stunde auf
der Straße zu bleiben. Ich versuchte mein Bestes, um Wasser,
Thee und Erfrischungen den armen Burschen reichen zu lassen,
um ihre Leiden nur in etwas zu mildern; jedoch die späte

Nacht und die Aufregung der Stadt ließen dies nur halb in
Ausführung bringen.

Endlich war das sogenannte Hospital fertig; aber ich traute
kaum meinen Augen, als mir diese Löcher als Hospital übergeben wurden! In offenen Waarenschuppen ohne Fenster und
Thüren sollten einige zusammengenagelte Breter die Betten
der sterbenden Vertheidiger unsers unglücklichen Landes sein!
Alles litt der Soldat an diesen verhängnißvollen Tagen, Hunger,
Durst, Hitze, nichts konnte ihm seine Kaltblütigkeit, seine Todesverachtung rauben, und nun liegt er, zum Tode verwundet, vor
den Thüren seiner Freunde, deren Eigenthum er vertheidigte,
für deren Wohl er sein Leben zum Opfer brachte, und diese
Freunde weisen den Sterbenden zum offenen Lagerhaus, wo
er ohne Labung, ohne Pflege verschmachtet!

Und doch hatte diese Stadt eine Bevölkerung von 40000
Einwohnern, hatte Kirchen, die sich ausgezeichnet zu Hospitälern
eigneten, hatte Seelsorger in Menge. Aber weder die Thüren
der Kirchen öffneten sich, noch die Seelenhirten waren da, um
dem sterbenden Krieger noch die letzte Stunde zu versüßen.
Traurig und unmuthig gab ich den Befehl zur Hineinschaffung
der Verwundeten, warf noch einen Blick auf das Haus des
Todes und Entsetzens, schwang mich aufs Pferd und flog,
einen stillen Fluch zwischen den Zähnen murmelnd, wieder zu
meinem Regiment zurück.

Dritter und vierter Tag.

Peal = Orchard.   Jefferson Davis.

Schlimmer Zustand der Unionsarmee. General Heintzelmann eilt herbei. Die Verluste der Unionisten. M'Clellan's Rückzug mit dem der
Oesterreicher 1848 in der Lombardei verglichen. Schrecklicher Verlust
der Conföderirten. Jefferson Davis und sein Cabinet auf dem Kampf=
platze. Kalter Empfang. Tüchtige Verschanzung der Unionisten. Die
brennende Pyramide am Weißen Hause. Umsicht und Ordnung beim
Rückzug der Unionsarmee.

General Jackson hatte seinen Flankenmarsch ohne bedeu=
tenden Widerstand von seiten des Feindes ausgeführt. Kaum
auf dem ihm angewiesenen Posten angelangt, schickte er seine
Colonnen zum Sturme vor. Trotz des anstrengendsten Mar=
sches, den sie bei schlechter Verpflegung gemacht hatten, stürzen
sich seine Truppen, diese verzweifelten Sansculotten, auf die
Föderalisten. Umsonst ist alle Bravour, umsonst jede kühne
Bewegung des Feindes. Wie ein Sturmwind saust General
Stuart mit seiner Cavalerie daher und wirft alles zu Boden,
was sich ihm entgegenstellt. Eine wahre Raserei befällt
Jackson's Leute, sie werfen ihre Gewehre weg und stürzen,
nur mit ihren gefürchteten Bowiemessern bewaffnet, auf die
ihrer Wuth verfallenen Opfer. Entsetzlich ist das Gemetzel,

welches jetzt beginnt, und ob auch die Föderalisten im Anfange
hartnäckig Stand gehalten, so verlieren sie doch jetzt ihre Haltung und machen Kehrt. Sie werfen Waffen, Tornister,
Mäntel, kurz alle Gegenstände von sich, welche ihnen in der
Flucht hinderlich sein könnten. Subordination und Disciplin
ist vernichtet; der Soldat hört das Commando seiner Offiziere
nicht mehr und verläßt entsetzt den ihm anvertrauten Posten.
Schon sind zwei Generale der vier feindlichen Brigaden von
ihren Leuten feige verlassen, schon glaubt man, daß es um
M'Clellan's ganze Armee geschehen sei, als in diesem
für die Unionsarmee höchst kritischen Augenblick General
Heintzelmann mit seiner Division erscheint und die Schlacht
wieder zum Stehen bringt. Mit großer Umsicht und Tapferkeit weist er alle Angriffe unserer Truppen zurück und gibt
Befehle zum Sammeln der geschlagenen und gelichteten Brigaden. Doch vergebens ist es, die aller Kaltblütigkeit und
Ueberlegung beraubten Soldaten in Ordnung bringen zu
wollen, sie reißen die Offiziere im Gedränge mit sich fort und
eilen in wilder Flucht zurück. General Heintzelmann sieht sich
ebenfalls gezwungen, seine Stellung zu verlassen. Wie ein
Stier, welcher jederzeit zum Stoße bereit ist, tritt er seinen
Rückzug gegen den Chikahominy an. Alle Verwundeten, alle
aufgehäuften Vorräthe von Lebensmitteln fielen unsern Leuten
in die Hände, und Jackson konnte mit gutem Gewissen befehlen: „Für heute ist's genug!" Keiner der Generale hatte
seine Aufgabe mit so vielem Glück und mit so großer Geschwindigkeit ausgeführt wie er, daher denn auch die Frucht
des Sieges eine ungewöhnliche war. Die Unionisten hatten
2 Brigadegenerale, 115 Stabs- und Subalternoffiziere, 3000
Soldaten, 21 Kanonen sammt Hunderten von Ambulanze-
und Bagagewagen mit ihren Ladungen an diesem Tage verloren. Die Beute war außerordentlich, aber in Bezug auf
Strategie war der Erfolg Jackson's von noch weit größerer

Bedeutung, denn General M'Clellan war dadurch ganz von
seiner Rückzugsbasis abgeschnitten. Als daher die Erfolge der
Waffen Jackson's in unserm Hauptquartiere bekannt wurden,
rechnete man dort mit fester Ueberzeugung auf die Vernichtung
oder Gefangennehmung von M'Clellan's Armee. Der Jubel
grenzte an Wahnsinn; als ich des nächsten Morgens in der
Frühe bei meinem Regiment eintraf, fand ich die armen
Burschen in einer fieberhaften Aufregung, denn jeder einzelne
wollte bei der heute bevorstehenden Gefangennahme M'Clellan's
und seiner Armee eine Rolle spielen. Ich allein nur zuckte die
Achseln, als mir meine Offiziere ihre Ansicht darüber mit-
theilten. Hatten wir doch dasselbe im Jahre 1848 unter
Radetzky in Italien erlebt! Dort hatten auch bereits die Ita-
liener für den alten Herrn und seine tapfere Armee Quartiere
bereitet und der Podesta von Mailand war von dem Siege
und dessen Folgen so fest überzeugt, daß er sogar dem greisen,
gefangen gewähnten Helden entgegeneilte, während dieser unterdessen alle Hindernisse überwältigt hatte und sich in seine Befestigungen von Mantua und Verona ruhig zurückzog.

Kaum war ich bei meinem Regiment angekommen, als
wir auch schon Befehl erhielten, mit der ganzen Linie vorzu-
gehen. Traurig betrachtete ich unsere sonst so schöne Division.
Wie entsetzlich decimirt waren einzelne Regimenter! Manche,
welche gleich dem meinigen mit 1100 Mann ausgerückt waren,
hatten nur noch eine kampffähige Mannschaft von 300—400
Soldaten, ja, einzelne, wie das 7. Georgia-, das 21. Nord-
carolinaregiment, hatten nur noch etwas über 180 Mann.
Eine ungeheuere Anzahl von Offizieren war kampfunfähig geworden, und manche brave, treue Haut, welche noch vor
einigen Tagen voll Uebermuth und Heiterkeit eine goldene Zukunft prophezeite, war todt. Ich hatte gar nicht mehr den
Muth, mich nach diesem oder jenem zu erkundigen, ich setzte
lieber gleich voraus, daß er auf dem Felde der Ehre gefallen

sei, denn es war zu trostlos, immer dieselbe Antwort: „Er ist todt, er fiel so und so, da und dort", zu hören.

Als sich eben unsere Divisionen in Bewegung setzten, erschien auf einmal Präsident Jefferson Davis, umgeben von dem Obersten der Cavalerie, Joseph Davis, den Herren Johnstone und Smith, gefolgt von dem Kriegsminister Randolf mit seinem militärischen Cabinet. Jetzt, wo die Gefahr beseitigt, wo Richmond von dem eisernen Halsbande befreit war, das die umzingelnde Armee des Feindes ihm angelegt, wo man wieder anfing, in seinen Mauern Athem zu schöpfen, jetzt konnten jene Zimmerhelden wenigstens noch beim Schlusse des blutigen Spieles eine theatralische Stellung einnehmen. Doch mit keinem Hurrah, wie sonst, empfingen die Krieger den Sieger von Buena-Vista. Kalten Auges, steif wie sein Pferd, ritt er die Fronten der Regimenter entlang, nur zuweilen ein Wort an einen Freund richtend.

Nachdem sich unsere Division glücklich aus dem Labyrinth von demontirten Kanonen, zerschossenen Wagen, todten und verwundeten Soldaten herausgearbeitet und für freiere Bewegungen Raum gewonnen hatte, machten wir doch große Augen, als wir in die vom Feinde geräumten Positionen einrückten und nichts weiter als einige Waffenstücke und etwas Gepäck vorfanden. Sämmtliches Material war mit fortgeschleppt, und nur eine ungeheuere Anzahl Todter offenbarte uns, in welch fürchterlicher Weise der Kampf hier gewüthet hatte. Die Befestigungen waren von kolossaler Formation und hatten eine größere Solidität, als wir wähnten. Wir erhielten sofort Befehl, den Feind so rasch als möglich aufzusuchen und ihm nachzurücken. Kaum waren wir über das Weiße Haus hinaus vorgegangen, als wir einer ungeheuern Rauchwolke ansichtig wurden, welche 1½ Meile rechts von der Eisenbahn aus dem Walde aufwirbelte. Als wir uns vorsichtig nach dieser Richtung hin vorschoben, entdeckten wir eine hoch aufgethürmte Pyramide, welche in heller Glut brannte und siedete. Der feindliche General hatte den Befehl ge= geben, sämmtliches nicht fortzuschaffendes Eigenthum den Flammen zu übergeben. Waaren im Werthe von Millionen von Dollars raubte hier die Flamme dem beutegierigen Sie= ger. Gleich ausgehungerten Wölfen stürzten meine armen Burschen auf den glühenden ungeheuern Berg los, um noch zu retten, was zu retten war. Da waren Hunderte von Fässern voll Fleisch, Kaffee, Zucker, Melasse, Reis, Wein, sogar Champagner, kurz, voll aller jener Delicatessen, mit welchen die nördliche Armee mehr wie reichlich ausgestattet war und welche wir armen Teufel kaum noch dem Namen nach kannten, aufgehäuft. Vergebens waren jedoch alle Anstren= gungen, etwas noch Genießbares zu retten; die Feinde hatten die Vorkehrungen zum Verbrennen der Güter mit so raffinir= ter Geschicklichkeit getroffen, daß nur verdorbene Waare übrig blieb. Dagegen war das ganze Feld mit schweren Tuchmän= teln der Feinde bedeckt, und diese kamen unsern Soldaten sehr zu statten. Alles zeigte mir, daß General M'Clellan seinen Rückzug mit Ordnung und Umsicht ausführte, und daß er nichts weniger als gesonnen war, mit seiner Armee zu capi= tuliren. Ja, von einigen Nachzüglern, welche meine Leute gefangen nahmen, hörte ich, daß er mit seiner gesammten Armee den Chikahominy überschritten, seine Rückzugsbasis aufgegeben habe und sich dem Jamesfluß nähere, wahrschein= lich, um sich mit der Flotte zu verbinden. Sofort sandte ich einen meiner Offiziere mit den nöthigen Meldungen an Ge= neral Lee. Ich erhielt den Befehl, Halt zu machen, und bald darauf eilten die zwölf schönen Brigaden von Hill I. und Longstreet daher, um dem vermeintlich fliehenden Feinde den Todesstoß zu geben.

Fünfter Tag.

Schlacht bei White Oak-Swamp.

Der Kampf zu Fraziers Farm. Grausamkeit der Conföderirten. Sie werden zurückgeschlagen. Fürchterliches Feuer der Unionstruppen. Vernichtung der Brigade Wilcox. Mangel an Proviant. General Lee ist nicht bei guter Laune.

Ungefähr fünf Meilen von Darbytown an der Newmarket-Straße wurde die feindliche Armee sichtbar. Aber sie nahm eine wunderschöne Stellung ein. Die Ebene, hier mit Fichten bewachsen und ein sehr durchschnittenes Terrain, war für unsere brave Cavalerie kein günstiger Boden, und sie war zur Unthätigkeit verdammt.

General M'Clellan hatte seine Stellung bei Fraziers Farm genommen, welche sein Centrum bildete. Diese Position ließ er mit 19 Stück schweren Geschützes besetzen, zog seine besten Truppen dahin zusammen und erwartete festen Fußes, mit kaltem Blute unsern Angriff. Wir mußten um jeden Preis den Feind aus der Nähe unserer Hauptstadt verdrängen oder selbst untergehen; es blieb uns keine andere Wahl. Aber auch General M'Clellan war sich seiner schwierigen Lage nur zu gut bewußt. Durch den Leichtsinn des Generals M'Dowell und durch das niederträchtige Benehmen des Kriegsministers Stanton war er so gut wie der Vernichtung preisgegeben.

Mancher andere General hätte vielleicht in solchen entsetz=
lichen Stunden seinen Tod in dem Gewühle der Schlacht ge=
sucht. Dennoch zögerte er keinen Augenblick, trotz der unge=
heuern Verluste, welche er während der viertägigen Schlacht
erlitten, als alter, braver Soldat sein Glück auf die Degen=
spitze zu setzen.

Durch das viertägige Morden waren unsere Truppen zu
wilden Bestien umgewandelt. Kaum wurden sie der aufge=
stellten Feinde ansichtig, als sie mit entsetzlichem Wuthgeheul
darauf losstürzten. Doch ruhig, wie auf einem Exercirplatze,
gaben diese Feuer. Die Batterien im Centrum entluden sich
mörderisch auf unsere Leute und eine ungeheuere Unordnung
riß unter den Stürmenden ein. General Lee sandte alle nur
irgend verfügbaren Truppen heran. M'Clellan eröffnete aber
auf jede neuformirte Sturmcolonne ein so höllisches Feuer,
daß selbst der kaltblütigste Soldat die Fassung verlor. Ganze
Reihen von unsern Leuten wurden zu Boden geworfen. Der
Donner der Kanonen, das Krachen des Gewehrfeuers von
hunderttausend Kriegern, verbunden mit dem Geheul der
Sterbenden und Verwundeten hatten etwas Entsetzliches.
Schon sieben Stunden wüthete auf einem kleinen Raume die
Schlacht, und noch war kein Fuß breit Boden gewonnen.
Alle unsere Reserven waren bereits in den Kampf geführt,
die ganze Brigade Wilcox war vernichtet. Da senkte die
Nacht Dunkel über die Erde und gebot Stillstand. Fast zum
Tode erschöpft sinkt der Soldat zu Boden, gedenkt nicht des
von seiner Seite gerissenen Freundes, nur der Drang der
Selbsterhaltung hält ihn noch einigermaßen aufrecht, nach
Wasser, Wasser seufzt der lechzende Mund. Doch ach! die
öden Flächen bieten keine Quellen dar, und wohl dem Armen,
den vor Ermattung der Schlaf endlich doch überwältigt!
General Lee durchritt mit seinem Stabe finster und mürrisch
die Lagerplätze der ganz zerrütteten Regimenter. Mit heiserer

Stimme gibt er Befehl zur Heranziehung der Divisionen Magruder und Wise, dann zur Beerdigung der Todten. Mit kurzen Worten weist er dem General Longstreet seine Stellung für den nächsten Morgen an und sprengt dann mit seinem Adjutanten weiter zu andern Brigaden.

Sechster Tag.

Schlacht bei Fraziers Farm.

Die Unionsbatterien demontiren uns fünf Geschütze. M'Clellan hat sich verstärkt. Befehl zum schleunigen Fortschaffen des sämmtlichen Staatseigenthums von Richmond. Neuer Kampf. Die Conföderirten in Verzweiflung. Alles verloren. Heldenmuth des Generals Hill. Die Nordcarolinatruppen und Anderson's Cavalerie vorwärts nach Richmond. Schrecklicher Kampf. Keine Gnade. Major Payton und sein Sohn. Wunder der Tapferkeit auf beiden Seiten. Die Conföderirten in großer Gefahr. Verstärkung. Ankunft breier Divisionen. 17 Stunden zu spät.

Kaum graute der Morgen am Horizont, als auch der Kanonendonner schon wieder begann. Eine Batterie, welche General Anderson während der Nacht näher an die feindlichen Linien placirt hatte, wurde auf der Stelle bemerkt und von dem gezogenen Geschütz des Feindes arg mitgenommen. Jeder Schuß traf, daß die Trümmer herumflogen; schon sind von den zwölf Kanonen der Batterie fünf bemontirt, die Bespannungen gelichtet, doch der Commandant behauptet seinen Posten. Unsere Colonnen haben sich unterdessen formirt, ohne daß die Leute etwas Nahrung erhalten haben. Erschöpft von den vorhergehenden Tagen, schwanken sie geisterhaft daher, und doch versagt keiner den Dienst. Als die Sonne hell leuchtete und wir die feindliche Stellung besser erkennen konnten, entschlüpfte mir ein unwillkürliches Ach! denn ich gewahrte an

den dichtern Reihen, daß M'Clellan während der Nacht bedeutend verstärkt worden war und somit seine abgematteten
Truppen aus den vordersten Linien ziehen konnte und einen
leichten Kampf mit frischen Truppen gegen unsere ausgehungerten, entkräfteten Leute hatte.

General Lee, von der gefährlichen Lage der Dinge überzeugt, gibt sofort Stonewall Jackson Ordre, sein Corps bereit zu halten, die Armee, falls sie zum Rückzug gezwungen würde, zu decken. Nach Richmond wurden Befehle gesandt,
Vorkehrungen zur Fortschaffung alles Staatseigenthums zu
treffen. Dann erhielten die Divisionen Hill II., Longstreet,
Anderson, Cobb, Whitecomb Befehl zum Sturmangriff.

Nochmals entwickelte sich jetzt einer der verzweifeltsten
Kämpfe, welche je in einem Kriege stattgefunden. Entsetzlich
ist der Verlust auf unserer Seite. M'Clellan, die Verheerung,
die sein Geschütz unter unsern Truppen anrichtet, wahrnehmend,
zieht einige Reservedivisionen heran und überschüttet uns mit
einem furchtbaren Gewehrfeuer. Seine Massen drängen vorwärts, Schritt für Schritt immer näher; da werfen einige
von unsern Compagnien die Gewehre weg und fliehen.
M'Clellan benutzt den Moment und läßt seine Cavalerie eine
Flankenbewegung machen. Rasch setzt sich Anderson an die
Spitze unserer Reiterei und führt drei Regimenter zur Attake.
Brillant war die Charge. Unsere Texaner bringen mit einem
Hurrah in die feindlichen Glieder. Ohne uns nur erst Gelegenheit zu geben, unsere Klingen zu probiren, machten sie
Kehrt; aber auch hier war weiterm Erfolg das gezogene Geschütz entgegen, eilig mußten auch wir uns aus dem verderben-
bringenden Feuer ziehen. Die Feinde, unsere Verwirrung be-
merkend, rücken mit der Losung: „Auf, nach Richmond!“
vor; die ganze feindliche Front entlang erschallt „Hurrah,
auf, nach Richmond!“ Manche alte Soldaten, welche den
Krieg im fernen Missouri, in den Ebenen von Arkansas mit-

gemacht, weinten vor Erbitterung wie die Kinder. Was half es, daß wir sechs Tage lang unser bestes Blut fließen sahen, was half uns unsere unendliche Ausdauer! Alles, alles schien verloren und eine allgemeine Furcht bemächtigte sich der Herzen. Batterien jagten im Fluge vorüber, Munitions=, Hospital=, Proviantttransporte, alles verläßt das Schlachtfeld und reißt auch die Truppen mit sich in wilde Flucht fort. Vergebens ist alle Anstrengung, Aufopferung und Todesver= achtung der Stabsoffiziere. Die Truppen haben ihre Haltung verloren, um die Conföderation ist es geschehen!

In dieser verzweifelten Lage erscheint General Hill mit einigen zusammengerafften Regimentern; allein die Feinde drängen immer mehr, immer näher und vernehmbarer tönt der Ruf: „Auf, nach Richmond!" Cavalerieoffiziere sprin= gen von ihren Pferden und treten in die Glieder der von Offizieren entblößten Infanterieregimenter. General Hill er= greift die Fahne des vierten Regiments von Nordcarolina, das er früher commandirte, und ruft den Soldaten zu: „Wenn ihr mir nicht folgen wollt, so will ich allein sterben." Da eilen mehrere Offiziere vor, um mit ihrem Körper den ge= liebten General zu decken, die Soldaten raffen sich wieder zu= sammen und der Ruf: „Führe, Hill, deine Jungen von Nordcarolina!" schallt über das Feld. Nun stürmt Hill mit seiner zur Begeisterung angefachten Schar vorwärts. Der Feind stutzt, als er die noch vor einem Augenblick weichenden Colonnen wiederum zum Angriff schreiten sieht. Hill bricht wie ein losgelassener Löwe auf seine Verfolger los, der Kampf wird mit der Handwaffe geführt, denn zum Laden der Ge= wehre ist keine Zeit mehr. Die Erbitterung, mit der hier ge= stritten wird, ist unglaublich. Vergebens ist es, den aufge= regten Krieger um Gnade anzurufen: es gilt keine Schonung, kein Mitleid, keine Barmherzigkeit vor der blutigen Arbeit der Bajonnete und Messer. Sterbend sinkt der Sohn zu den

Füßen seines Vaters. Der Vater vergißt, daß er ein Kind, ein sterbendes Kind hat, der Bruder achtet nicht darauf, daß wenige Schritte von ihm der Bruder sein Leben aushaucht, der Freund hört nicht das letzte Stöhnen seines Freundes, alle Bande der Natur sind gelöst, nur Ein Gefühl glüht in der Brust, die Rache.

Hier war es, wo der funfzehnjährige Sohn des Majors Payton seinen Vater anrief, ihm zu helfen; eine Kugel habe seine beiden Beine zerschmettert. „Wenn wir die Feinde vernichtet haben, will ich dir helfen", erwiderte Payton; „ich habe noch viele Kinder zum Ruhme zu führen! Vorwärts!" Aber nur wenige Schritt drang die Colonne vor und auch Payton stürzte als Leiche zu Boden. Wunder der Tapferkeit wurden hier auf beiden Seiten verrichtet; die Geschichte wird vergebens nach bravern Soldaten suchen, als hier stritten. Aber auch von der rasenden Wuth bei beiden Parteien kann man sich keine Vorstellung machen: selbst der Verwundete, an Hülfe verzweifelnd, raffte noch die letzte Lebenskraft zusammen und stieß das Messer in die Brust des neben ihm liegenden, noch athmenden Feindes.

Die Erfolge des Generals Hill machten es andern Generalen möglich, ihre aufgelösten Truppen theilweise ins Feuer zurückzuführen, und in der That entspann sich von neuem der Kampf fast auf der ganzen Linie wieder bis tief in die Nacht hinein, denn es kam alles darauf an, die Schlacht so lange wieder zum Stehen zu bringen — wobei wir auch auf die gleiche Erschöpfung der feindlichen Streiter rechnen konnten —, bis frische Truppen zu unserer Verstärkung einträfen. Endlich, um halb elf Uhr nachts, erschienen die Divisionen Magruder, Wise und Holmes und übernahmen sofort die Frontstellung der Armee. Hätten die Divisionscommandanten ihre Aufgabe mit Schnelligkeit und Umsicht ausgeführt, so würden Ströme von Blut erspart worden sein, ja, der Feind wäre schon im

Laufe des Vormittags auf seine Reserven zurückgedrängt wor=
ben. So aber trafen jene drei Divisionen um volle 17 Stun=
ben zu spät ein! Die Generale waren über die Marschdispo=
sitionen im Unklaren gewesen, ihre Colonnen kreuzten und
verwickelten sich, und so ging die Zeit unwiederbringlich ver=
loren. Doch immerhin verdankte der Rest unsers Heeres der
endlichen Ankunft derselben auf dem Wahlplatze seine Rettung.

Sobald jene drei Divisionen ins Vordertreffen gerückt,
wurden unsere Regimenter zurückgezogen und so viel als thun=
lich noch in derselben Nacht reorganisirt, auch die nöthigen
Offiziere ernannt und nach Fassung von Lebensmitteln, die
glücklicherweise mit herangekommen waren, für die Fortschaf=
fung der Verwundeten und Beerdigung der Todten nach Mög=
lichkeit gesorgt.

13*

Siebenter Tag.

Schlacht bei Malvern=Hill.

Magruder eröffnet den Kampf. Kanonade. Die Flotte eröffnet ein
Feuer. Zweihundertachtundsechzigpfünder. Die Wirkung derselben auf
die Conföderirten. Malvern=Hill, ein Denkmal für die Conföderirten.
M'Clellan's Genie. Schuldige Anerkennung seiner Tüchtigkeit: er ist
der beste Offizier in der Union.

Dienstag, den 1. Juli um 2 Uhr morgens, die Sterne
glänzten noch am Firmament, eröffnete General Magruder
schon wieder von neuem den Kampf. Sehr bald entwickelte
sich eine furchtbare Kanonade auf der ganzen Linie, daß da=
von die Erde dröhnte. Um 12 Uhr mittags war M'Clellan
schon aus allen seinen Stellungen gewichen mit Hinterlassung
der Verwundeten, des Gepäckes, selbst vieler Kanonen. Magru=
der folgte ihm auf dem Fuße, jedoch vorsichtig, da er die
umgebenden Gehölze zuvor von Artillerie und Scharfschützen
reinigen lassen mußte. Um 4½ Uhr nachmittags kamen un=
sere Truppen in die Nähe der bekannten Farm des Dr. Car=
ter, Malvern=Hill genannt. Hier hatte General M'Clellan
von neuem seine Armee aufgestellt, um die Schlacht anzu=
nehmen. Kaum war General Magruder der feindlichen Stel=
lung ansichtig, als er auch seine Leute zum Angriff führte.
Muthig überschritten die Colonnen den Raum, welcher sie

vom Feinde trennte, und stürmten gegen die verschanzte Stel=
lung an. Doch ein mörderischer Hagel von Kugeln empfing
die braven Burschen und streckte sie nieder. Die Trümmer
der schönen Division mußten Schutz hinter dem Gehölze
suchen. Von neuem führen die Generale Smith, Anderson,
Holmes ihre Leute heran, aber auf einmal reißen Geschosse
von ungeheurer Dimension ganze Reihen unserer Leute nieder
und richten eine fürchterliche Verheerung an.

Es ist das Feuer der Flotte, welche, 2½ engl. Meilen
entfernt, sich jetzt an der Schlacht betheiligt. Mit verzweifel=
tem Muth rennen unsere Leute gegen die feindliche Stellung
an, von allen Seiten wird Malvern=Hill angepackt. M'Clellan
behauptet sich tapfer und erst um 12 Uhr nachts räumt er
die durch Natur und Kunst starke Stellung, die er gegen die
heldenmüthigen Anstrengungen unserer Truppen nicht länger
zu behaupten vermochte.

Die Schlacht des siebenten Tages wird als Schlacht von
Malvern=Hill ewig und unvergeßlich im Gedächtnisse des
Volkes fortleben. Bei keinem der Kämpfe um Richmond
wurde auf einem so kleinen Raume wie hier gefochten, und
dazu kam noch die Wirkung der Monstrebatterie der feind=
lichen Schiffe. Fürchterlich war es, jene ungeheuern zweihun=
dertachtundsechzigpfündigen Bomben durch das Gehölz brechen
zu sehen, und wenn eine solche platzte, glaubte man, die
Erde berste. Noch in keinem Kriege, so lange die Welt steht,
wurden Geschosse von dieser Größe verwendet. Die Schlacht
von Malvern=Hill wird eine Gedenktafel für jenes Volk sein,
welches hier seinen Willen und seine Entschlossenheit bekun=
dete, als Nation für seine Freiheit, für seine Selbständigkeit
zu siegen oder zu sterben.

Hier vor Malvern=Hill war es, wo M'Clellan sein Ta=
lent und sein Genie im schönsten Lichte entfaltete. Trotz seiner
ungeheuern Verluste, trotz unserer Anstrengungen, hier den

Untergang seiner Armee zu vollenden, hielt er Stand; weder die Ströme von Blut, welche hier vergossen wurden, noch die fürchterliche Wuth unsrerseits vermochten die Unerschrockenheit dieses Mannes, seinen heroischen Charakter zu erschüttern. Noch vor dem Schlusse dieses teuflischen Spiels auf der Peninsula ließ er uns seine ganze Kraft fühlen und zeigte uns, daß die Consöderation verloren gewesen wäre, hätte er die Verstärkungen erhalten, welche man ihm so lange versprochen hatte. Erst nachdem seine Kraft und die seiner Armee gebrochen, erschien das Corps unter General Burnside. Welches wäre wol das Resultat gewesen, wenn dieser 14 Tage früher auf dem Kampfplatze erschienen wäre und M'Dowell unter dem Commando M'Clellan's gestanden hätte?

Durch Sümpfe, Wälder und Hindernisse aller Art führte General M'Clellan sein geschlagenes Heer zurück; er konnte gleich dem Könige Franz vor Pavia ausrufen: „Wir haben alles verloren, nur nicht die Ehre!" Unverdrossen zog er den Weg zum Jamesfluß, um unter den Breitseiten seiner Schiffe Schutz zu finden.

Wir müssen General M'Clellan unsere vollste Anerkennung zollen. Es gibt nicht viele Generale in der Unionsarmee, welche mit ihm rivalisiren könnten. In der verzweifeltsten Lage von seinem Waffenbruder M'Dowell verlassen, von dem in Washington sitzenden Kriegsminister Stanton dem Verderben aus politischer Parteisucht preisgegeben, von seinem Rückzuge abgeschnitten, entschloß er sich, eine Operationsbasis zu wählen, von der sich niemand etwas träumen ließ. Jeden Fuß breit Boden vertheidigte er mit Muth und Talent. Sein letzter Halt vor Malvern-Hill bewies sein militärisches Talent, ebenso seine Vertheidigung und seine Combinationen. Doch seine Truppen waren durch den siebentägigen Kampf zu sehr herabgekommen und verloren ihre Haltung, während mehrere

Generale die Ideen ihres Obercommandanten nicht begreifen konnten und ihn gar nicht oder schlecht unterstützten. Bei Harrison Landing, wo der Jamesfluß eine Curve bildet, sammelte er seine zerstreuten Truppen unter dem Schutze der Flotte. Wir selbst hatten keine Armee mehr, um ihn daran zu hindern.

24.

Vitae excellentium imperatorum.

Beauregard.	M'Clellan.
Jackson.	Burnside.
Price.	Halleck.
Henningsen.	M'Dowell.
Lee.	Grant.
Johnstone.	Buell.
	Sigel.
	Fremont.

Beauregard

wurde 1818 in Louisiana geboren und ist der Sohn eines dortigen einflußreichen, wohlhabenden Pflanzers. Er wurde in Westpoint erzogen und diente in der mexicanischen Armee, wo er nach den Schlachten von Contreras und Cherubusco zum Kapitän und nach der Schlacht von Chapultepec zum Major befördert wurde. Als er später aus der Armee trat, sollte er eine Anstellung als Oberaufseher der Militärakademie zu Westpoint erhalten; diese Anstellung wurde, wie man sagt, aus politischen Intriguen hintertrieben, und er erhielt nicht lange nachher das Commando der conföderirten Armee vor Fort Sumter. Beauregard ist klein und mager, hat einen braunen Teint und ist außerordentlich lebhaft, obgleich seine Züge todt und kalt sind. Er ist höflich und zuvorkommend, überhaupt verräth sein ganzes Wesen einen feinen, gebildeten Mann. Nach der Schlacht von Manassas wurde er in der ganzen Conföderation fast zum Himmel erhoben, später behandelte man ihn ziemlich gleichgültig und kalt.

Stonewall T. J. Jackson.

Er wurde in Clarkburg, County Lewis, im Staate Virginia, 1825 von sehr geachteten Aeltern geboren, welche jedoch beide starben, als er noch in der zartesten Jugend war, und ihm nichts hinterließen. In seiner Kindheit lebte er bei einem Onkel mütterlicher Seite, welcher, selbst ein wenig bemittelter Mann, ihm eine Erziehung nach seinen Mitteln geben ließ; doch zeichnete er sich durch sein Betragen und seinen Fleiß so vortheilhaft aus, daß er schon mit 16 Jahren als Constabler für das County, worin er wohnte, gewählt wurde. Im Jahre 1842 sollte ein junger Mann seines Districts als Cadett nach Westpoint gehen, der jedoch hierzu keine Lust hatte und die Stelle ausschlug. Sogleich beschloß Jackson, dessen Stelle einzunehmen, obwol ihm von seinen Freunden ernstlich abgerathen wurde, da er nicht die nöthige Vorbildung habe, um auch nur das erste Examen zu bestehen. Er selbst begriff dies sehr wohl, hoffte jedoch, daß Fleiß und Ausdauer diesen Mangel ausgleichen würden. Von einem Freunde seiner Verwandten erhielt er einen Brief an Mr. Hager, welcher damals Repräsentant für den District Lewis im Congreß zu Washington war, und den er diesem selbst übergeben wollte. Er lieh sich ein Pferd, welches er durch einen Schwarzen, der ihn zu dem Zwecke begleitete, zurückzuschicken versprach, um in Clarkburg den Postwagen nach Washington zu benutzen. Hier angelangt, erfuhr er mit Schrecken, daß der Wagen bereits seit einer Stunde abgefahren; der schlechten Straße wegen hatte der Postmeister den Abgang der Post beschleunigt, um ihn rechtzeitig an seinem Bestimmungsorte eintreffen zu lassen. Rasch entschlossen, sendet er Pferd und Schwarzen zurück und macht sich zu Fuße auf, um den Wagen einzuholen; dies gelang ihm auch, nachdem er auf der schrecklichen Straße durch den tiefen Koth fast 13 Meilen gelaufen war. Fast bis zum Kopfe mit Koth bespritzt, stieg er in den Wagen und eilte auch in demselben Zustande zu Mr. Hager, welcher ihn dem Kriegsminister vorstellte, der ihm die zum Eintritt nöthigen Papiere einhändigte. In Westpoint wurde ihm sein Mangel an gründlichen Kenntnissen recht fühlbar, doch arbeitete er mit verdoppeltem Eifer und Fleiß und es gelang ihm in der That, das Fehlende nachzuholen. 1846 wurde er, mit der Klasse ausgezeichnet, worin sich auch M'Clellan befand, entlassen. Mit dem Range eines zweiten Lieutenants wurde er dann sofort zu Thler's Armee in das Thal von Rio-Grande geschickt. Er langte dort nach den Schlachten von Polo Alto, Resaca be la Palma und Monterey an und erhielt vor der Schlacht von Buena-Vista Befehl, sich zu General Scott's Armee zu begeben, die vor Veracruz stand. Bei der Belagerung dieser Stadt zeichnete er sich so vortheilhaft in der Führung seiner Batterie aus, daß er zum ersten Lieutenant avancirte. Seine Bravour in Cerro-Gordo verschaffte ihm den Kapitänsrang. Er war in allen Schlachten, welche General Scott lieferte, und avancirte sehr bald zum Major. Bei einer Gelegenheit commandirte er eine Batterie, auf die der Feind ein so fürchterliches Feuer richtete, daß mehr als die Hälfte seiner Truppen floh und man ihm rieth, sich ebenfalls durch die Flucht zu retten. „Hätte ich noch 50 Mann Verstärkung von der regulären Armee", sagte er, „so würde ich die feindliche noch dazu nehmen, statt die meinige aufzugeben." Ehe noch die Verstärkung ankam, war Jackson schon im Besitze der Batterie. Durch die vielen Feldzüge jedoch, die er mitgemacht hatte, war seine Gesundheit total ruinirt und er gezwungen, seinen Abschied zu nehmen. Er wurde nun Professor am militärischen Institut zu Lexington in Virginia, und diese Stelle bekleidete er auch bis zu dem Zeitpunkte, wo der genannte Staat aus der Union austrat. Man behauptet, Jackson wäre ein Fatalist, wie Napoleon der Große und manche andere, der sich deshalb nicht fürchte, weil die Zeit seines Unterganges nun doch einmal bestimmt sei. Dem ist nicht so, er ist ein durchaus moralischer Mann, der überall die größte Achtung genießt. — Er besitzt gediegene militärische Kenntnisse, ist rasch im Entwurf, kühn und voll Selbstvertrauen in der Ausführung und der Abgott seiner Truppen, obwol er sie in strenger Zucht und Ordnung hält; er wird besonders deshalb von ihnen geliebt, weil er alle Entbehrungen mit ihnen erträgt und nie etwas von ihnen begehrt, was er selbst nicht zu leisten bereit ist.

Er erhielt den Beinamen Stonewall, steinerne Mauer, weil er in der Schlacht einer Mauer gleich mit seinen Truppen Stand hält. Hitze und Kälte, überhaupt alle Entbehrungen des Krieges erträgt er mit gleicher Leichtigkeit; auf ebener Erde, nur in seine Felddecke gehüllt, ruht er besser als mancher auf weichem Pfühl. Seinen Soldaten erlaubt er nur wenig Bagage, damit sie im Marschiren nicht gehindert sind; da er seine Truppen so viel als möglich in geregelter Thätigkeit hält, so erfreuen sie sich durchgehends eines bessern Gesundheitszustandes als irgendeine andere südliche Armee. Sein Aeußeres ist nicht gerade einnehmend, er hat 6 Fuß Größe und seine Figur ist etwas eckig. Sein Gesicht ist schmal; er hat graue Augen, eine gerade Nase, spitzes, etwas hervorragendes Kinn und hellbraune Haare. Er ist durchaus nicht gesellig und sieht meistens sogar ernst und mürrisch aus. Seine Kleidung ist stets militärisch, doch sehr einfach. Bei Freund und Feind ist Stonewall Jackson als der tüchtigste General der Conföderation bekannt.

Sterling Price

wurde 1810 in Prince Edward County im Staate Virginia geboren, ging jedoch später nach Missouri und ließ sich 1830 als Farmer im Innern des County Charlton nieder. Im Jahre 1844 wurde er zum Congreß nach Washington erwählt, wo er seinen Sitz im December 1845 einnahm. Als späterhin die Feindseligkeiten zwischen den Unionsstaaten und Mexico ausbrachen und Freiwillige von allen Seiten herbeiströmten, um für das Sternenbanner zu fechten, verließ auch Price seinen Sitz im Congreß und wurde Oberst eines Missouriregiments. Nach Beendigung des mexicanischen Krieges 1852 wurde er zum Gouverneur des Staates von Missouri gewählt, dessen materielle Interessen er mit großem Eifer vertrat. Als Lincoln zum Präsidenten der Union gewählt worden war und die Grenzstaaten zögerten, aus der Union auszutreten, war die Partei der Unionisten besonders stark in Missouri vertreten. Zu der von diesem Staate aufgerufenen Versammlung wurde auch der Exgouverneur Price gewählt, und da er als besonders treuer Anhänger der Union bekannt war, wählte man ihn sogar zum Vorsitzenden derselben. Als späterhin jedoch die unglückseligen Feindseligkeiten zwischen Norden und Süden zunahmen, erließ C. F. Jackson, Gouverneur von Missouri, eine Proclamation zur Anwerbung von Freiwilligen. Die Armee, die hier gebildet wurde, war die Missourigarde und Price wurde zum Anführer derselben ernannt. General Price ist kein Verehrer der Regierung in Richmond, welche ihn sehr häufig zurücksetzte und ihn für geleistete Dienste nicht allein nicht belohnte, sondern ihn manchmal sogar kalt behandelte. Dafür wird er mit desto größerm Enthusiasmus von seinen Soldaten geliebt, die gern ihr Leben opfern, wenn sie ihn in der Nähe wissen. Ganz gewiß ist dieser Mann

kein gewöhnlicher Charakter, er hat natürliche militärische
Talente, die jedoch, weil er keine militärische Erziehung er=
hielt, ihn zu manchem verleiten, was ein geschulter Offizier
für Tollheit halten würde, wie denn überhaupt ein unausge=
bildetes Talent größere Irrwege einschlagen kann als der=
jenige, der nur wenig natürliche Fähigkeiten besitzt.

C. Frederick Henningsen.

Die Gegenwart ist zwar außerordentlich reich an militäri=
schen Talenten, aber nichtsdestoweniger dürfte es schwer hal=
ten, einen Soldaten zu finden, dessen Vergangenheit ein
reicheres Studium an die Hand gibt als General Henningsen.
Bald begegnet er uns in den Steppen Circassiens und der
Tartarei, bald im Kampfe gegen die Nationalgarde Mina's in
den öden baskischen Provinzen, bald in Ungarn unter den
schwarzen Mauern von Komorn oder in den Sümpfen von
Minturnian, wo er seine Truppen über die pfadlosen Gebiete
von Nicaragua führt; aber immer ist er derselbe furchtlose,
selbstbewußte Mann, über allen Wechsel des Schicksals er=
haben und nie von dem Pfade der Ehre abweichend.

Henningsen wurde 1816 in London geboren. Beim Aus=
bruche des spanischen Krieges war er kaum 16 Jahre alt und
ließ sich als Freiwilliger unter Zumalacarregui in den bas=
kischen Provinzen anwerben, schwang sich bald zum Kapitän
der Leibwache desselben empor und wurde sogar Ritter des
St. = Ferdinand = Ordens. Nach seiner Rückkehr in sein
Vaterland schrieb er eine Geschichte des spanischen Krieges,
ein Werk, welches ihm die Gunst und Achtung von Wellington
und Soult erwarb. Mit dem Titel eines Oberstlieutenants
kehrte er, noch nicht zwanzig Jahre alt, nach Spanien zurück
und erhielt nach der Schlacht von Villar de=los=Navarros
das Commando der Cavalerie.

Seine nächste Campagne machte er in Circassien in russi-
schen Diensten, zugleich schrieb er während dieser Zeit ein
Werk über die kaukasischen Länder, welches von der russischen
Regierung selbst als ein öffentliches Document publicirt wurde.
Darauf schrieb er „Russische Revolutionen", die ungeheueres
Aufsehen erregten. Von hier ging er nach Ungarn und erhielt
das Commando von Komorn. Als hier der Kampf beendet
war, widmete er sich dem Studium der Waffen und ihrer
Verbesserungen und beaufsichtigte die ersten Miniébüchsen, die in
den Unionsstaaten construirt wurden; den übrigen Theil seiner
Muße verwandte er auf literarische Thätigkeit und es stammen
aus dieser Zeit: Die zwölfmonatliche Campagne unter Za-
malacarregui", „Der weiße Sklave" (Novelle), „Das östliche
Europa vor 60 Jahren" (Novelle). Am meisten erregten
jedoch die Bewunderung des Publikums seine „Analogien und
Contraste", die um diese Zeit ebenfalls veröffentlicht wurden.

Als der Krieg in Nicaragua anfing, eine ernstere Wendung zu nehmen, wurde namentlich der Mangel eines tüchtigen Feldherrn besonders fühlbar. Freunde Walker's dachten
an Henningsen, der damals in Neuyork war; Anträge wurden
ihm gemacht, seine Bedingungen angenommen, und sofort
schiffte er sich nach Nicaragua ein. Nach Beendigung des
Krieges ging er nach Georgia, in welchem Staate er auch
Bürger ist, und acceptirte später bei Ausbruch des amerikanischen Krieges die zweite Commandostelle in Wise's Legion.
Die Gehässigkeit der Regierung jedoch, die Fremde und Aus-
wärtige gern unterdrückt, gab ihm keine Gelegenheit, wo er
sein ausgezeichnetes Talent zur Geltung bringen konnte. General Henningsen ist ein sehr großer, schlanker Mann mit
echt militärischer Haltung, ruhig, kalt, gemessen in seinem
Wesen. Wenn er von seinem thatenreichen Leben erzählt, wird
er lebhaft und reißt alles zur Bewunderung hin. Er spricht
nicht weniger als acht Sprachen und jede mit derselben Fer-

tigkeit wie seine Muttersprache. Unstreitig ist er einer der
wissenschaftlich gebildetsten Feldherren seiner Zeit.

Robert E. Lee

wurde 1808 in Virginien geboren. Er ist ein Nachkomme
Washington's und befindet sich im Besitze von Whitehouse,
einer prächtigen Niederlassung, welche ehemals Washington's
Eigenthum war. Er wurde in Westpoint gebildet und bethei=
ligte sich am mexicanischen Kriege als Ingenieurmajor. Nach
Beendigung dieses Krieges wurde er Director der Akademie
zu Westpoint; während des Krimkrieges ward er mit M'Clellan
nach der Krim geschickt, um die Belagerung von Sebastopol
aus eigener Anschauung kennen zu lernen. Als der Krieg in
Amerika ausbrach, erhielt er das Obercommando der conföde=
rirten Armee in Virginien und späterhin das Obercommando
sämmtlicher Truppen.

Albert Sidney Johnstone.

Er wurde 1803 in Kentucky geboren und trat nach seinem
Austritt aus der Militärakademie zu Westpoint im Jahre 1826
in die reguläre Infanterie ein. 1832 machte er den Krieg
gegen die Indianer als Generaladjutant des Generals Scott
mit, verließ jedoch bald die Armee und ging nach Texas. Im
mexicanischen Feldzuge zeichnete er sich als Oberst eines mexi=
canischen Freiwilligenregiments aus und nahm später an dem
Kriege gegen die Mormonen theil; wegen seiner ausgezeichne=
ten Dienstleistungen wurde er Brigadegeneral und Militär=
gouverneur von Utah. Nach dem Ausbruche des Krieges trat
er in die südliche Armee und fiel in der Schlacht bei Korinth.
Sein Verlust wurde in der ganzen Conföderation und nament=
lich von seinen Soldaten tief betrauert.

B. G. M'Clellan,

geboren 1826, leitet seine Abstammung von einem schottischen Geschlechte M'Clellan, Lord von Kirkbudbright, Peer von England her. Er erhielt seine militärische Erziehung in West-point. Nach fleißigen Studien und ausgezeichnetem Verhalten verließ er diese Anstalt 1846 als Lieutenant der Ingenieure, dann erhielt er später von der Regierung den Auftrag, mit Oberst Lee und Major Mordeca sich nach der Krim zu begeben, um dort durch praktische Anschauung seine Studien zu vervollständigen. Der russische Obergeneral Fürst Gortschakow versäumte keine Gelegenheit, den Offizieren der Union in jeder Beziehung gefällig zu sein, und mit einem reichen Schatze von Erfahrungen kehrte der junge M'Clellan in seine Heimat zurück. Seine Regierung versetzte ihn zu einem Cavalerie-regimente. Nach zwei Jahren jedoch resignirte er und wurde Vorstand einer Eisenbahn. Beim Ausbruche des Krieges übertrug man ihm das Commando der Miliz des Staates von Ohio als Obergeneral. Nach der glorreichen Schlacht von Rich-Mountain erhielt er das Obercommando der Potomacarmee und nach dem Rücktritte Scott's das Ober-commando über sämmtliche Truppen in Virginien. M'Clellan vereinigt in sich alle Tugenden eines Oberbefehlshabers. Seine persönliche Tapferkeit und Unerschrockenheit zeigte er vor Rich-Mountain, seine militärischen Talente durch den Plan, den Krieg vom Potomac nach der Peninsula zu verlegen, seine Ausdauer, Entschiedenheit und Festigkeit in den Schlach-ten von Fairfax, Seven-Pines und Malvern-Hill. Sein Rückzug und die Einschiffung seiner Truppen werden stets als denkwürdige Thaten in der Geschichte seines Vaterlandes ge-nannt werden. Sein größtes Verdienst ist ohne Zweifel die

Bildung und Organisation der Unionsarmee, denn was dieselbe gegenwärtig ist, ist sie lediglich durch ihn geworden.

Ambros Everett Burnside

wurde 1824 im Staate Indiana geboren, erzogen in Westpoint. Im Jahre 1847 trat er als Artillerielieutenant in die reguläre Unionsarmee und machte den Feldzug in Mexico mit. 1852 quittirte er den Dienst in der Armee und übernahm eine Stellung als Eisenbahningenieur. Beim Ausbruche des Krieges wurde er Commandeur des ersten Freiwilligenregiments des Staates Rhode=Island, und infolge seiner Thätigkeit und seiner ausgezeichneten Talente avancirte er im August 1861 zum Brigadegeneral, einige Monate nachher wurde er dann zum Oberbefehlshaber der an die Küste von Nordcarolina gesandten Flotte ernannt.

H. W. Halleck.

Vor dem Kriege war dieser durch einige militärische Werke sowie durch seinen Ruf als ausgezeichneter Advocat in San Francisco, Californien, bekannt. Seine militärische Vorbildung hatte er in Westpoint erhalten und avancirte wegen seiner Auszeichnung im mexicanischen Kriege zum Kapitän, 1854 quittirte er den Dienst. Später wurde er Staatssecretär der Provinz California unter der Militärregierung von Kearney, Mason und Riley und war Mitglied der Convention, welche im Jahre 1849 die Constitution Californiens verfaßte. Dann verschwand er vor der Oeffentlichkeit und beschäftigte sich mit seinen zahlreichen mexicanischen Clienten in Californien als Advocat, bis er beim Ausbruche des Krieges wieder als Generalmajor in die Armee berufen wurde. General Halleck hat im Felde durchaus nicht das Ansehen eines Soldaten, seine reiche, wenn auch einfache Uniform, ist ihm durchaus nicht kleidsam; es sieht so aus, als wenn er sie geliehen hätte. Sein Benehmen ist einfach, höflich, geschäftig; man sieht, er ist gewohnt, stets thätig zu sein. Er versteht es auch durch= aus nicht, das Ansehen eines Generals um sich zu ver= breiten, sondern bleibt immer in seinem Aeußern, ob er ruhig vor seinem Zelte sitzt oder mit dem Stabe das Lager durchreitet, derselbe friedliche Bürger. Seit dem 22. Juli ist Halleck Oberbefehlshaber sämmtlicher Armeen der Union.

General Grant

ist 1828 in Ohio geboren und in Westpoint militärisch er= zogen. 1845 wurde er Lieutenant im vierten Infanterieregi= ment, machte den mexicanischen Feldzug mit, in dem er sich bedeutend auszeichnete. 1847 wurde er zum Regiments= quartiermeister ernannt. Später quittirte er den Dienst und ließ sich in Illinois nieder. Beim Ausbruche des Krieges wurde er zum Commandanten des 21. Regiments der Frei= willigen des Staates Illinois ernannt. 1861 erhielt er seine Berufung als Brigadegeneral. Im März des folgenden Jahres avancirte er zum Majorgeneral und erhielt das Com= mando über die Armee in Westtennessee.

C. Buell.

Er wurde zu Ohio in den Vereinigten Staaten geboren und diente in dem mexicanischen Kriege mit großer Auszeichnung, sodaß er wegen seiner Bravour zweimal avancirte. Das zweite mal zum Major nach der Schlacht von Churubusco, in der er gefährlich verwundet wurde. Am Schlusse des mexicani= schen Krieges wurde er Generaladjutant mit dem Titel „Kapitän", doch trat er 1851 aus der Armee. Er ist ein ausgezeichneter

Anführer, muthig, voll Energie und Talent und durch sein
mildes, chevaleresles Benehmen gegen die Gefangenen selbst
im Süden sehr geachtet.

Franz Sigel.

Dieser Offizier, der ohne Zweifel eine sehr bedeutende
Stelle unter den Feldherren der Union einnimmt, wurde 1824
zu Sinsheim in Baden geboren und erhielt seine Ausbildung
auf der Kriegsschule zu Karlsruhe. 1848 betheiligte er sich
an der Revolution und ging später nach Amerika. Nach dem
Ausbruche des Krieges in Missouri pflanzte er muthig das
Banner seines adoptirten Vaterlandes auf und es scharten sich
um dasselbe viele wackere Söhne Deutschlands. Von allen
Seiten strömten sie herbei, viele sogar, die einstens in ihrem
Vaterlande unter seinem Befehl gefochten hatten, und Sigel
konnte stolz auf diesen Beweis ihres Zutrauens sein. Brav
und wacker führte er seine Scharen in die Prairien Missouris
und errang sich hier den Titel Majorgeneral. Nach der Be=
freiung Missouris verlegte er sein Hauptquartier nach Vir=
ginia, wo er genug Gelegenheit hatte, sein Talent in glänzen=
dem Lichte zu zeigen.

John Charles Fremont.

Er stammt aus einer französischen Familie und wurde 1813
in Savannah in Georgia geboren, wo sein Vater, ein ge=
borener Franzose, sich niedergelassen hatte. Schon in seiner
Jugend machte er Aufsehen durch seine ausgezeichneten mathe=
matischen Kenntnisse und er erhielt, kaum zwanzig Jahre alt,
eine Anstellung am Bord des Kriegsschiffes Natchez. Später
betheiligte er sich an mehreren Expeditionen, die der Staat
zur Erforschung des Westens veranstaltete. 1838 wurde er

im Ingenieur-Topographencorps als Lieutenant angestellt und unternahm einige Jahre später ganz bedeutende Expeditionen nach dem Westen. 1845 wurde er zum Kapitän befördert und machte als solcher seine dritte große Reise nach dem Oregon und Californien. Hier übernahm er das Commando der dort lebenden Nordamerikaner und befreite in wenig Wochen den nördlichen Theil des Landes von den Truppen der mexicanischen Regierung; für diesen außerordentlichen Dienst wurde er zum Gouverneur desselben ernannt. 1849 unternahm er eine Reise zur Erforschung einer Verbindung zwischen Californien und dem Osten von Nordamerika. Erfolg belohnte seine Anstrengungen; dann ließ er sich in Californien nieder, bis er beim Beginn des Krieges in die Armee der Union eintrat und sich sehr bald vortheilhaft auszeichnete.

25.

Schlussbemerkungen.

Zur Zeit, wo ich die gegenwärtigen Erlebnisse schreibe, ist die blutige Fackel des Krieges noch immer nicht erloschen; im Gegentheil, hoch aufflackert das wilde Feuer der Leiden= schaften und der Zwietracht, von unbändigem Fanatismus ge= schürt, und vernichtet den reichen Segen eines langen Friedens mit gefräßigem Zahne. Noch immer stehen Nord und Süd, Union und Conföde= ration sich drohend gegenüber, noch immer lagern die streiten= den Heere der Bruderstämme in den verwüsteten Staaten und noch immer fließt Menschenblut in Strömen für eine schlechte Politik. Weinend sieht der Patriot das starke, große Vater= land durch Sonderinteressen, Privatspeculationen, Ehrgeiz und Habsucht an den Rand des Verderbens gebracht; er sieht, wie die Union, die keine Macht der Erde bezwingen konnte, sich selbst vernichtet; er sieht die wildesten Leidenschaften unge= schminkt auftreten und die Spuren der Civilisation, die Wohl= thaten der Cultur mit unbeschreiblichem blinden Hasse zer= stören. — Eine Hoffnung aber tröstet ihn und läßt ihn nach diesen Wirren eine bessere Zukunft hoffen. Neben den Phg= mäen des Eigennutzes, neben dem aufgeblasenen Stolze und der niedrigsten Intrigue sieht er auf beiden Seiten Männer

stehen, deren Talent und Aufopferung eines beſſern Erfolges
werth wären. Sie ſtehen feſt und unerſchütterlich, wie die
Grundſäulen des einſtigen feſtern Gebäudes, welches aus
dem Schutt und den Trümmern der Gegenwart ſich erheben
wird. Er ſieht ruhige Bürger zu Soldaten umgewandelt, die
wie Helden zu kämpfen und zu ſterben wiſſen; er ſieht Feld=
herren, die ſich durch Kühnheit, Energie und Umſicht einen
Platz neben den großen Kriegshelden der Vorzeit erſtreiten.

Fragen wir nun, weshalb die Erfolge, die die Union mit
Recht von ihren gewaltigen Anſtrengungen hoffen durfte, ſich
zu Gunſten ihres Feindes wandten, ſo finden wir die Antwort
hierauf lediglich in der Uneinigkeit ihrer Heerführer. Hätte
ſie nur einige in ihrer Armee gehabt, welche gleich Sterling
Price ſo viel Selbſtverleugnung gehabt hätten, daß ihnen das
Wohl ihrer Regierung mehr gegolten hätte als ihre eigene
Eitelkeit und Herrſchſucht, vieles hätte eine andere Wendung
genommen. Ein Land und ſeine Bewohner müſſen ihre Söhne
nicht nach dem Titel, den ſie haben, nach dem Range, den
ſie bekleiden, nein, nach ihren Thaten belohnen; das erſtere
geſchah leider zu häufig in den Vereinigten Staaten. Alle
Würden, denen die Eitelkeit nachjagt, ſind imaginäre Größen,
die wahre Ehre, Selbſtverleugnung und der unerſchütterliche
Muth des Patrioten leben ewig in dem Volke fort und ſind
das ſchönſte Denkmal deſſelben. Dieſe Uneinigkeit, dieſe
Sucht zu glänzen, das iſt, womit die Unionsregierung zu
kämpfen hat, das iſt der Krebsſchaden, der ausgeſchnitten
werden muß, bevor er unheilbar einfrißt; darin beſteht auch
ihr Nachtheil der Conföderation gegenüber. Was gibt dieſer
ſo viel Glück, worin beſteht ihre Stärke? Lediglich die Einig=
keit, mit der, einzelne Ausnahmen abgerechnet, alle Führer
Hand in Hand gehen, während das Gouvernement der Union
ſtets mit drei verſchiedenen politiſchen Parteien zu kämpfen
hat, wovon eine ſtets das Thun und Laſſen der andern ver=

dammt; so wird dem Volke und insbesondere dem Soldaten heute das Vertrauen zu diesem, morgen das zu einem andern. Führer genommen und diesem die Aufgabe bedeutend er= schwert, wenn nicht unmöglich gemacht. Es liegt ja außer aller Frage, daß die Union mit ihren unendlichen Hülfs= mitteln, ihrer kolossalen Flotte und Landarmee schon längst diese Rebellion der südlichen Staaten, wie man es zu nennen beliebt hat, niedergeworfen hätte, wenn die Führer ihre Kräfte concentrirt hätten. Ueberhaupt sollte es für das Gouverne= ment der Union nur zwei Angriffspunkte geben, worin ihre ihre ganze Offensive vereinigte. Davon ist der erste der Besitz Richmonds à tout prix, und dies ist der Hauptpunkt; hat sie Richmond, so hat sie der Conföderation den Todes= stoß gegeben. Was man auch von dem Zurückziehen des Gouvernements nach Süden sagen mag, ist Richmond, das Capitol aller jener südlichen Feueresser, in den Händen der Union, so stirbt die Conföderation, denn dann werden Tau= sende ihr Haupt drohend erheben und sich als Anhänger der Union bekennen, die jetzt blos niedergehalten werden und die neue Regierung nie anerkannt haben, da Präsident Davis be= kanntlich nur von wenigen Freunden und Anhängern gewählt wurde. Das weiß auch die Conföderation selbst sehr gut und darum gehen alle Anstrengungen dahin, Richmond zu be= haupten. In und um Richmond beherbergt sie alle Ressour= cen, die ihr zu diesem Kriege unentbehrlich sind. Virginien ist ein reicher, fruchtbarer Staat und bringt genug hervor, eine große Armee zu ernähren. Eisenbergwerke liefern Erz in Masse zu Geschossen, Kohlen, Getreide, Vieh, alles bietet dieser Staat in Fülle. Zu Richmond sind außer dem Sitze der Regierung alle Bureaux des Landes, seine Arsenale, seine Waffenwerkstätten, die Fabriken für sonstige Armeebedürfnisse so= wie die Mühlen und gewaltigen Bäckereien. Aus Richmond ver= trieben, wird die Regierung vielleicht die ersten 14 Tage in

Nordcarolina Halt machen und dann so schnell als möglich ihre Zuflucht jenseit des Mississippi suchen. Als M'Clellan vor Richmond lag, war er sich seiner Aufgabe wohl bewußt, die Stärke des Feindes war ihm bekannt und er behandelte ihn deshalb nie mit Verachtung; er wußte, daß Einigkeit und Selbstvertrauen eine nicht zu verachtende Kraft verleihen. Daß er vor Richmond scheiterte, war nicht seine Schuld, es war die Verblendung der Regierung, die in dem Süden einen leicht zu bewältigenden Feind sah. Als M'Clellan Richmond nach den Regeln der Kunst einschloß und ihm gleichsam ein eisernes Halsband anlegte, worin es ersticken mußte, da mußte der einzige Gedanke der Regierung sein, ihn mit allen verfügbaren Truppen zu verstärken, sobaß es ihm möglich wurde, selbst die Rolle des Angreifenden zu übernehmen. Andere Punkte, wie Neubern, Port-Royal, Charleston durften für die Regierung nicht mehr existiren, auch kein M'Dowell'sches Corps, denn der Schutz von Washington ruhte in den Waffen M'Clellan's. General M'Dowell mußte dann wissen, daß der Nutzen seines Beobachtungscorps aufgehört hatte, sobald sich der Gegenstand seiner Beobachtung, Stonewall Jackson und Ewell, mit ihren Truppen in Richmond befanden; er gehörte von dem Tage an zur Potomacarmee und unter das Commando M'Clellan's. Er bedurfte hierzu keiner weitern Befehle seiner Regierung, als Soldat mußte und konnte er so handeln und das Volk würde ihm Beifall zugejauchzt haben. Auch für die Corps Fremont, Shields, Banks mußten die gemessensten Befehle vorliegen, nicht so unbestimmte; auch mußten alle nur entbehrlichen Truppen M'Clellan zur Verfügung gestellt werden, der Erfolg wäre sicher ein außerordentlicher gewesen. Aber, wie gesagt, sie verkannten ihre Stellung, waren unter sich nicht einig, während die Führer der Conföderirten nur das Eine Ziel kannten, Richmond zu halten, und es dadurch auch in der That hielten, auf wie lange, mag die Zukunft lehren.

Den zweiten Punkt bildet der Mississippi. Diesen Strom müßte die Unionsregierung unter allen Umständen zu gewinnen suchen, um die Controle auf dieser Wasserstraße zu übernehmen. Ist sie in den Besitz dieses Flusses gelangt, so schneidet sie mit einem male einen Theil jener zur conföderirten Regierung gehörigen Staaten von ihrem Verkehr ab und zwingt sie, in die Reihen ihrer frühern Brüderstaaten zurückzukehren. Mit verschiedenen Flottenstationen am Mississippi und einer Operationsarmee von 200000 Mann würde sie leicht die völlige Hebung aller sich darbietenden wesentlichen Schwierigkeiten erreichen. Die Unionsregierung sollte kein so großes Gewicht auf ihre Flanken legen, denn auf der einen Seite schützt sie ihre große Flotte, auf der andern ein braves, zahlreiches Volk, das gern bereit ist, für die Rechte der Regierung einzutreten, sobald sie den entschlossenen Willen zeigt, ihre Aufgabe ernstlich zu erfüllen. Sammelte sie alle in ihrem unendlichen Reiche zersplitterten Truppen, gäbe sie ihnen einen Führer, der nicht allein die Fähigkeit hätte, eine so große Armee zu leiten, sondern auch die Liebe seiner Soldaten besäße, dann wäre es keine Frage, daß er das Größte zu vollbringen im Stande wäre, was je von einer Armee geleistet wurde. Der erste entscheidende Schlag, der erste großartige Sieg würde die Soldaten herbeiziehen, sie würden kommen, ohne Handgeld, ohne Versprechungen, nur der Ehre wegen, für die große Republik zu fechten, dem Führer, dem sie vertrauen, zu folgen und selbst, wenn es sein muß, unter seinen Augen den Heldentod zu sterben. Das wären in Kürze die Gesichtspunkte, die die Union im Auge halten müßte. Das wären die Pflichten, die sie ihren Unterthanen gegenüber zu realisiren hätte.

Daß unter den Truppen der echte soldatische Geist noch nicht herrschte, daß die Begriffe von Ehre bei der großen Masse noch sehr dunkel waren, daß überhaupt Greuel und

Grausamkeiten vorkamen, die man von civilisirten Völkern nicht erwarten darf, ist aus dem Umstand zu erklären, daß unsere Truppen das bunteste Gemisch von Halbwilden und Civilisirten, von Patrioten, Fanatikern und ritterlichen Helden waren.

Längst wäre wol der unselige Krieg beendigt, wenn die mächtige Union nur einen Theil der Aufmerksamkeit, der Opfer, die sie jetzt zu verwenden gezwungen ist, auf den Beginn des jammervollen Streites verwandt hätte. Man nahm jedoch die Sache zu leicht, ja es war, als ob manche einen Krieg hätten provociren wollen; war es übersprudelnde Kraft und Uebermuth, war es Parteisucht und Privatinteresse, jetzt ist der Funke zur mächtigen Lohe angefacht, jetzt sind die Geister entfesselt; wann kommt der Meister, der sie bannt, der Friede macht unter den entzweiten Brüdern, wann senkt sich der milde Engel mit dem segnenden Palmenzweig wieder hernieder, daß Ruhe und Ordnung walte in den Wohnungen der Menschen, daß Liebe einkehre in ihre Herzen, die jetzt noch von tödlichem Hasse erfüllt sind?

Wer weiß es, vielleicht bald — wer wünschte es nicht! aber es gehört ein starker Arm, ein scharfer Blick, ein zäher, unbeugsamer Muth, überhaupt ein ganzer Mann dazu, die gelösten Elemente zu ordnen und zu binden, die Leidenschaften zu bezähmen und die heilige Freiheit zu retten. Aus der Tiefe der Seele steigt das Gebet: möchte die amerikanische Republik, der Stolz der Welt, stark und kräftig aus diesem Kampfe erstehen! Möchte aus dem Blute, das in Strömen in diesem Kriege geflossen, das Ideal der Freiheit schöner aufblühen und die Union schlackenlos und gereinigt hervorgehen! Nicht die alte Union, sondern eine neue, heiliger und größer, stärker und freier.

Ende.

Druck von F. A. Brockhaus in Leipzig.